HR 赫蓮娜

從巴黎沙龍到全球美學標準

她用一罐乳霜征服世界
改寫女性對美的想像

- 首創美容沙龍
- 高端品牌定位
- 頂級奢華美學

「世上沒有醜女人，只有懶女人。」——赫蓮娜・魯賓斯坦

從一間小美容沙龍到國際時尚舞臺，
她如何改變女性的肌膚、信念與未來？

[波] 赫蓮娜・魯賓斯坦 著
潘佳寧 譯

顛覆時代的審美規則，
打造影響百年的美麗定義，開創女性的奢華革命！

Helena Rubinstein

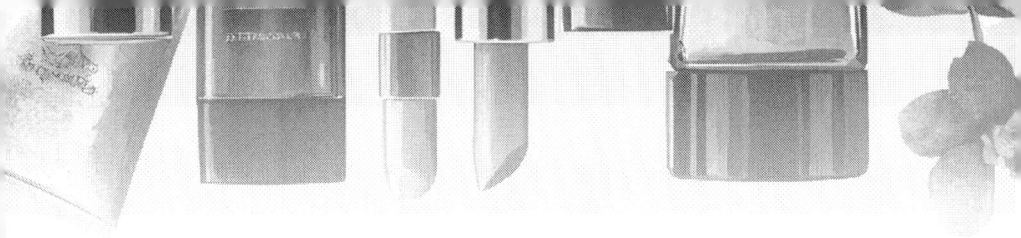

目 錄

序言

上篇　我的人生

第 1 章　從波蘭出發 ── 我的故事開端 ………… 011

第 2 章　遠赴澳洲 ── 新世界的挑戰與機遇 ……… 023

第 3 章　逐夢英倫 ── 事業的躍升 …………… 039

第 4 章　從巴黎到紐約 ── 打造全球美容帝國 …… 063

第 5 章　愛情與事業 ── 女性的兩難抉擇 ………… 079

第 6 章　變革年代 ── 見證美容產業的革新 ……… 093

第 7 章　藝術與收藏 ── 我的美學品味 ………… 111

第 8 章　步履不停 ── 事業與人生的延續 ………… 127

目錄

下篇　美麗的力量（美容與身心養護指南）

第 1 章　美的真諦 —— 從內而外綻放光彩 …………… 143

第 2 章　肌膚管理 —— 打造無瑕美肌的關鍵 …………… 157

第 3 章　美容沙龍的祕密 —— 專業護理大揭密 ……… 181

第 4 章　美麗飲食 —— 吃出健康與光彩 ……………… 191

第 5 章　活力鍛鍊 —— 讓身體曲線更迷人 …………… 231

第 6 章　化妝藝術 —— 讓自己成為百變女王 ………… 243

第 7 章　秀髮管理 —— 打造專屬髮型風格 …………… 269

第 8 章　從指尖到足尖 —— 全身細節護理 …………… 281

第 9 章　芳香與儀態 —— 從內而外綻放自信 ………… 295

第 10 章　魅力綻放 —— 舉手投足間的優雅 ………… 309

迷迭香回憶

「讓全世界都看到我的名字。」
「美麗即力量。」
「世上沒有醜女人,只有懶女人。」

—— 赫蓮娜・魯賓斯坦

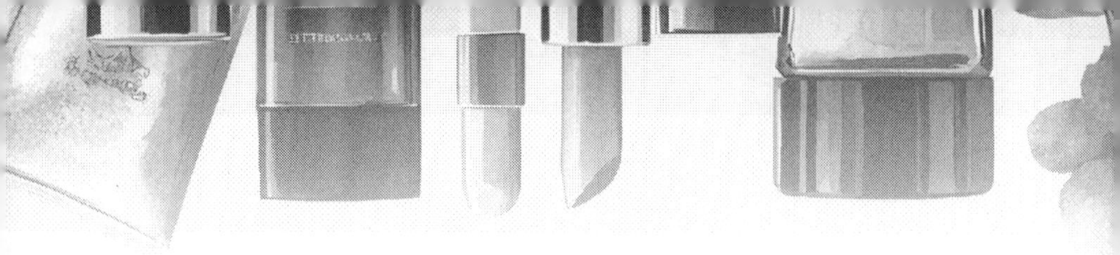

序言

1965年4月1日，母親永遠離開了我們。本書出版恰逢母親的逝世週年紀念日。母親終其一生與女性分享她對於美的理解。她常說：「光購買保養品不夠，女性必須學會如何使用。」魯賓斯坦夫人足跡遍布世界各地，每到一處，她都真誠幫助當地女性排憂解難。她的一生漫長且輝煌，在人生即將到達終點前，母親終於抽出時間，將有關女性保養的建議整理成書。

母親其實對自己的人生故事並不在意。除非有朋友或記者問起，她自己從不主動談及。而正是這些朋友和合夥人們鼓勵她將傳奇一生記錄下來。母親的一生都和工作密不可分，如果只談其一，不談其二，那這本書就會留有缺憾。

赫蓮娜・魯賓斯坦一生追求美 —— 不僅在美容行業，還有她對藝術的鍾愛 —— 母親始終是藝術的支持者和贊助人。我很高興讀者能透過本書全方位了解母親豐富精采的一生，也將這本書獻給讀者。

羅伊・泰特斯 [001]

1966年4月1日

---

[001]　羅伊・泰特斯（Roy Titus，1909-1989），赫蓮娜・魯賓斯坦之子。

序言

上篇　我的人生

上篇　我的人生

第 1 章
從波蘭出發
── 我的故事開端

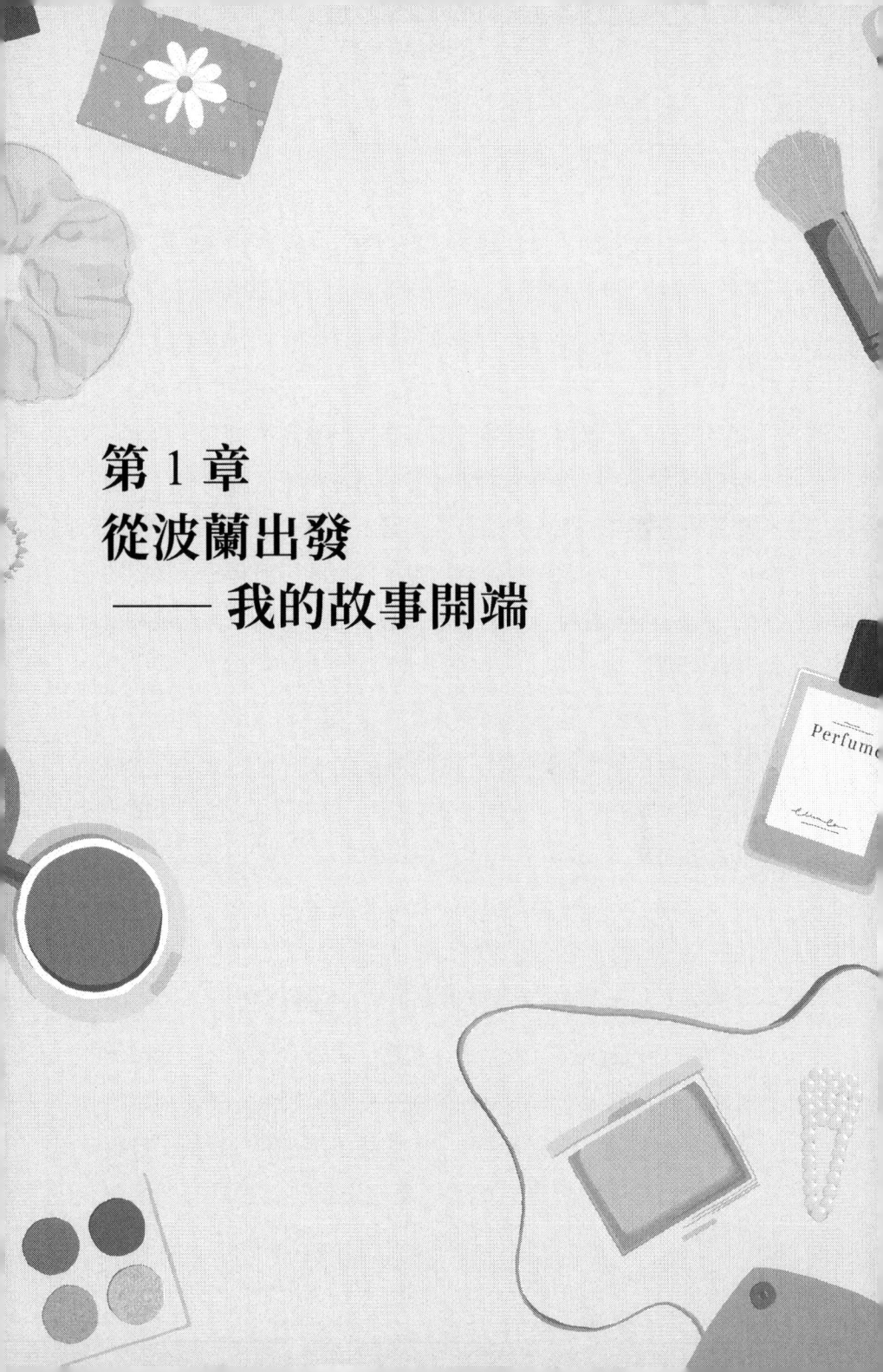

上篇　我的人生

　　我始終堅信，女性在 90 歲前有權對自己的年齡避而不談。而過了 90 歲，就應該坦誠面對自己和這個世界了。

　　如今我已經 94 歲，雖然已過鮐背之年，但我卻從不服老。前不久一天早上，三名持槍歹徒闖入我紐約家中。他們肯定以為，一個九十多歲的孱弱老人一見到持槍歹徒就會嚇得驚慌失措，這樣他們就能輕而易舉地搶走大量珠寶。歹徒綁了我的管家、傭人和祕書，還堵上三個人的嘴。我卻憤怒地警告他們，休想從我這裡搶走任何東西，而且殺了我對他們一點好處都沒有！三名歹徒面面相覷，不知所措，最終還是悻悻離開。

　　幾天後我才意識到自己當時多麼魯莽，之後甚至害怕了很久。但我當時的確毫不畏懼。在我看來，也許這就是我離開這個世界的方式。身為宿命論者，我曾經對自己說：「這一生我很知足，生命最後我不想任人擺布。」

　　回顧一生，我是幸運的，儘管也有起起落落，也遭遇過不幸。但整體上，命運對我非常眷顧 —— 尤其到了晚年更是青睞有加，讓我始終對生活充滿熱情且興味盎然。

　　如今我已年近百歲，我仍感謝上帝對我的偏愛：我每天還能到辦公室工作；不用戴眼鏡也能看到周圍一切。但讀書還是要戴眼鏡，讀書現在是我的快樂泉源。我現在還能打橋牌，還能在家中跟客人聊天，還能去看自己喜歡的戲劇電

影,我感謝這一切。

我最看重的還是家人,還有一路走來結識的摯友。至於事業,始終在我生命中占據重要地位。我創辦的赫蓮娜品牌日益壯大,我希望它能在(創始人去世)多年後仍舊輝煌。企業銷售額與我而言,就如同女人眼中精打細算的家庭收支。逐年增長的銷售額讓我感到無比自豪,我將企業視為自己「第二個家」。赫蓮娜·魯賓斯坦的美容沙龍、工廠和實驗室遍布世界各地,員工超過 30,000 名。我承認自己記性不好,記不住員工姓名,但我卻能記住他們的長相,關注每位員工的生活和職業發展。其實這幾乎成為公司內部的一個梗:每次當我在巡視工作中遇到熟悉的面孔(儘管我記不住名字),我會問:「你開心嗎?」「你的能力有沒有提升?」「你有沒有進步?」

最近有位朋友跟我說:「工作才是妳最好的保養品。」我很好奇她是怎麼知道的。儘管同齡人中已少有比較,但我仍然非常感謝她的恭維,這將有助於我保持年輕心態。畢竟我是個女人。臉上的皺紋相對同齡人來說還算可以,常年盤起的頭髮也依舊烏黑。必須承認,我的髮色歸功於堅持使用赫蓮娜染髮膏,而皮膚除了遺傳,還來自於常年的保養。

但工作確實是最好的保養品。我堅信努力工作能讓思想和精神遠離衰老,讓女性保持年輕,充滿活力。我秉持「一

切靠自己，不當家庭主婦」的觀點，這對於來自保守文化背景的歐洲女性來說，顯得尤為不尋常。

1870年12月25日，我出生在波蘭克拉科夫[002]。母親奧古斯塔[003]，父親賀拉斯·魯賓斯坦[004]，我是家中長女。在我出生後，家中又陸續添了七個妹妹，唯一的弟弟在襁褓中便夭折了。

我們在克拉科夫鎮長大，這裡作為學術和文化中心，始終保持著中世紀封建時代的建築風格。我們住在中央集市廣場[005]附近的一棟老房子裡，離大學不遠。家裡除了19世紀的軟墊家具，還有父親種類繁多的收藏品，他對紙張和書籍情有獨鍾。當時我們點油燈照明，冬天靠巨大的瓷壁爐不分晝夜地燃燒供暖。

父親的家境不錯，行為嚴謹、思維縝密。隨著女兒一個接一個降生，他開始經營雞蛋批發——從當地農民手裡收購雞蛋，然後成批出售。父親並不擅長經商，這個問題我很小就發現了，所以我一直想幫他。母親屬於有福氣的女人，年年生育子女還有越來越重的經濟負擔反而讓她變得愈發美麗。她的身材苗條端莊。即便現在，我眼中的母親依然後背

---

[002]　克拉科夫（Cracow），波蘭第二大城市、小波蘭省省會，位於波蘭南部。傳統上一直是波蘭重要的經濟文化中心。克拉科夫被譽為歐洲最美麗的城市之一，其老城區及瓦維爾城堡於1978年被列為世界文化遺產。
[003]　奧古斯塔，即Augusta。
[004]　賀拉斯·魯賓斯坦，即Horace Rubinstein。
[005]　中央集市廣場，即Rynek Square。

第1章　從波蘭出發—我的故事開端

挺拔、一雙小腳、還有漂亮能幹的雙手，身穿一件簡約黑裙，領口帶白色蕾絲。

母親非常注重外表。她會請鄰居到家中幫她梳理頭髮。我坐在她腳邊凳子上，央求也替我梳梳頭。偶爾母親答應，我就能享受到專業手法洗頭、梳頭的樂趣——這是我人生第一次美容體驗。

母親也會向女兒們灌輸她的處世哲學。

「女人憑藉愛去影響世界，」她會告訴我們。「外在魅力和內在美能讓妳掌控生活，並擁有未來丈夫的愛。」

在客廳熾熱的壁爐旁，八個女兒：赫蓮娜[006]、波琳[007]、羅莎[008]、蕾吉娜[009]、史黛拉[010]、塞斯卡[011]、曼卡[012]和厄娜[013]常常圍坐在母親身邊。伴隨著我們齊聲數數，母親依次為女兒梳髮——每人梳一百下。所以我們姐妹都擁有烏黑亮麗、富有光澤的秀髮，媽媽為此非常驕傲。

關於美，恐怕沒人能說清楚到底有多少來自上帝恩賜，又有多少得益於後天努力。但我相信，儘管母親的保養方法

---

[006]　赫蓮娜，即 Helena。
[007]　波琳，即 Pauline。
[008]　羅莎，即 Rosa。
[009]　蕾吉娜，即 Regina。
[010]　史黛拉，即 Stella。
[011]　塞斯卡，即 Ceska。
[012]　曼卡，即 Manka。
[013]　厄娜，即 Erna。

簡單易學，卻讓我在日常保養中受益匪淺，並成為我日後信奉一生的金科玉律。母親教會我可以藉助定期保養獲得自信、實現自我。

不久後，我的幸運之神——母親的乳霜問世。

有一位叫莫傑斯卡[014]的演員朋友來我家做客，將乳霜推薦給母親。這款乳霜由旅居克拉科夫的匈牙利藥劑師雅克布．萊克斯基[015]專門為她研製。據莫傑斯卡介紹，這款乳霜混合了多種草藥和杏仁精華，還加入常青樹樹皮提取物。母親非常喜歡這款乳霜，並堅持要見見萊克斯基，從此以後，母親會定期購買這款乳霜。儘管母親有點守舊，但她鼓勵女兒們用這款乳霜。如果白天我們幾個冒著風雪出門，睡前母親就會在女兒們的臉頰上輕輕塗抹一點乳霜。

「它能讓妳變美，」她輕聲低語，並送上晚安吻：「女人就應該美麗。」

回想起來，小時候家裡充滿了女人味——歡樂、溫馨，也有虛榮，偶爾還會有人鬧情緒。身為家中老大，我從12歲就開始學著管家。在妹妹們眼中，我很強勢，我會以絕對權威居高臨下，處理妹妹間的大小事情。我還扮演家中孩子與父母的聯繫者和仲裁者——這對我日後管理員工大有裨益。

---

[014] 莫傑斯卡（Helena Modjeska，1840-1909），波蘭著名舞臺劇演員，擅長莎士比亞戲劇。

[015] 雅克布．萊克斯基（Dr. Jacob Lykusky），匈牙利化學家，後為赫蓮娜公司技術顧問。

第 1 章　從波蘭出發—我的故事開端

妹妹們一個接一個降生,母親分身乏術,於是允許我全權負責家中大小事務,確保一切都井然有序。

儘管要兼顧家務和學業,但我仍然有很多開心回憶。記得父母經常帶著我們到郊外祖父母家。花匠斯塔斯會做一些迷你的家具模型給我們玩。這些模型加上我那些面容精緻的娃娃無疑激發了我日後對迷你模型和收藏品的熱愛。

這些娃娃我一直珍藏多年。即便二戰法國淪陷期,許多存放在巴黎公寓和老家孔拉維爾[016]公寓中的娃娃被盜,但我至今仍然還有 2 萬多件迷你家具模型。這些模型我從克拉科夫兒時起就開始收藏,並在接下來的半個世紀裡陸續從歐洲各地購得。我在紐約公寓有一個房間,特意在牆壁上留出凹槽做成 17 個小房間,專門擺放這些迷你家具模型。每個房間是一個時代的縮影,從 17 世紀直到現在。每件藏品都在玻璃窗內熠熠生輝。其中一個房間再現了莫迪利亞尼[017]在巴黎的工作室。房間中陳列的物品小巧精緻,像鐘錶、燭臺、餐具,許多比鞋釦還小,卻能忠實準確地再現不同時代,如實記錄了家具藝術。來自世界各地的鑑賞家和藝術評論家前來參觀,但我最喜歡展示給孩子們,尤其是我的小孫女赫蓮娜

---

[016]　孔拉維爾(Combs-la-Ville),法國中北部城市,法蘭西島大區塞納-馬恩省的一個市鎮,隸屬於默倫區。
[017]　莫迪利亞尼(Amedeo Modigliani,1884-1920),義大利藝術家、畫家和雕塑家,為表現主義畫派的代表藝術家之一。莫迪利亞尼的特色是大膽創作裸女畫,曾受到當代保守風氣嚴厲批評,時至後世才獲得認可。

（羅伊的女兒），她現在只有六歲，是我的掌上明珠。

如今很多家庭都以孩子為中心，而克拉科夫時期的魯賓斯坦一家卻大不相同。母親教女兒們編織縫紉，我學得就不錯，能在幾天內完成一張複雜的桌布。也許我的手藝讓周圍人心生妒忌，至今我還模糊記得，曾經有個同學故意把我的織品剪碎。家中孩子很多，我們仍然能感受到愛，卻沒有被寵壞；我們從來沒有質疑過父母的決定，也從不頂嘴。

記得我家隔壁住著一位舞蹈家，他經常舉辦舞會——有男孩參加，許多當地女孩也都參加。一天下午我決定也去看看，沒想到舞會中途，我尷尬地發現父親來了。父親對我的保護有點過度，不知道因為我是他的大女兒，還是在他看來我最容易衝動。此外，因為家中沒有男孩，父親經常跟我聊他的打算和生意。由於我精於數字，父親讓我幫他記帳。有一年，我大概15歲，父親原本計劃去外地談一筆重要生意，但他卻病了。當時還沒有電話，臨時取消已經來不及了，於是我提議由我代替父親去。經過反覆商議，最終家人同意了。出門前，母親在我耳邊叮囑說：「真正聰明的人要多聽少說。」

如今再回想當初那筆生意之所以能談得不錯，相當程度上得益於我初生之犢不畏虎（還有母親的囑咐），對方當時一定大吃一驚。但勝利的感覺讓我體會到取得生意上成功的價值。

第1章　從波蘭出發—我的故事開端

還有一次，父親訂購了一批雞蛋，進城時由於為期四天的宗教節日滯留。這筆生意對全家非常重要，如果在炎炎夏日裡滯留太久，那肯定完蛋了！於是我親自出馬，去見當地的政府官員。我憑藉三寸不爛之舌，哭訴我家的困難。最後，這批雞蛋當天下午就放行了。

但有時我也會把事情搞得一團糟。大約15歲時，我開始討厭房間裡那些笨重過時的老式家具。有一天父母外出度假，我一早醒來就產生了一個絕妙想法：賣掉屋裡所有家具，然後用這些錢買些嶄新的現代家具。我不知道父親對這些老式家具青睞有加，在我眼裡，它們擺在那裡只是長灰塵。我打電話給舊貨店，處理了許多家具，然後趕到商店買下很多閃閃發光的全新家具。我心滿意足地欣賞一切，認為父親也會跟我有同樣感受。我永遠忘不了父親回家後的表情！他無法相信眼前的景象。但很顯然，他當時非常傷心。父親來不及生氣，直接去二手店又把所有家具買回來。那件事對我觸動很大。直至今日，除非經過深思熟慮或者有專家建議，任何東西我都不會輕易處理掉。

臨近高中畢業，父親非常希望我能學醫。

儘管我當時非常認真努力，但我完全沒想到父親會替我選擇這個職業。因為選擇學醫或在醫院工作的女性鳳毛麟角，因為當時女性並不被醫學界歡迎，那是男人的專屬職

業。我真希望當年選擇學醫是正確的，然而卻是事與願違。儘管我非常喜歡在實驗室裡工作，但只要聞到消毒水的味道或者一進病房，我就會感到頭暈目眩。儘管我努力地專注和勤奮，但仍然無法克服自己的弱點。因為擔心被大學開除，我經常失眠，而且不敢跟父母說。最終母親注意到我日漸消瘦和低迷消沉，並由此猜到了原因。

「那赫蓮娜就必須結婚。」父親說。

選來選去，最終他為我挑了一個 35 歲的男人──有錢、喪偶。我對他印象不錯，但當時我才 18 歲，幻想浪漫，不願嫁給他。我叛逆地告訴自己，我已經愛上大學醫學院一個年輕帥氣的學生，他叫斯坦尼斯洛[018]，頭髮呈藍黑色，藍色的眼睛非常迷人。他用當時最正式的求婚方式向我父親提親，但父親怒不可遏！現場充滿吵嚷、眼淚和大發雷霆。我不知所措，感覺一生盡毀，注定沒人要了。我在波蘭已經待不下去了。

於是我決定寫信給遠在澳洲的舅舅路易斯[019]。當年路易斯在妻子去世後，移民到澳洲。他的妻子是位可愛的波蘭女人，生前為他生了個女兒叫艾娃[020]。艾娃從小在我家長大，因為我倆年齡相仿，所以關係非常好。後來艾娃去澳洲跟父

---

[018] 即 Stanislaw。
[019] 即 Uncle Louis。
[020] 即 Eva。

第1章 從波蘭出發—我的故事開端

親團聚,我倆也一直有書信往來。我從信中得知,到那邊聽起來比在克拉科夫更有發展。我非常想跟表妹見面,於是我告訴父親自己正在寫信給舅舅。怒氣未消的父親同意了,並且寫信告訴路易斯舅舅,願意留我多久都隨便。直到現在我才意識到當時父親一定非常傷心。

路易斯舅舅回信,誠摯地表示歡迎。我對此興奮不已,卻忽略了舅舅的提醒:「這裡的生活完全不一樣,氣候炎熱。」而這恰恰正是我想要的。如果氣候炎熱,我就可以穿白色百褶裙,戴麥稈草帽,撐著遮陽傘了。(我從小就追求時尚,喜歡漂亮衣服,但在老家時一直沒機會穿出門。)我當時涉世未深,被前面提到的兩位追求者弄得有點不知所措。但最重要的是,我想找回自我,跟過去說再見。

我沒心沒肺地倒數自己離家前的日子,完全忽略了母親流下的眼淚,也沒意識到此行將讓我和家人們遠隔千里。在接下來的歲月裡,我將體會難民因種族宗教迫害和政治壓迫而受到的傷害。(儘管我是猶太人,但幸運的是,由於地理位置和周邊環境,我們並未遭受這些人間疾苦。)此行對我意義非凡——從狹小和偏僻的小地方走向未知且充滿挑戰的世界。

於是我滿心歡喜地準備澳洲之行,完全沒意識到自己要去那麼遠的地方。偶爾也稍有顧慮,但我決定不告訴家人。

上篇　我的人生

隨著出發的日子臨近，我愈發興奮，將所有個人物品都裝進老式行李箱，包括母親的 12 瓶面霜。臨行前，我跟父母和妹妹們親吻告別，雖然滿眼淚水，但我腦中卻充滿新奇和期待，我興奮得都要飛起來了。

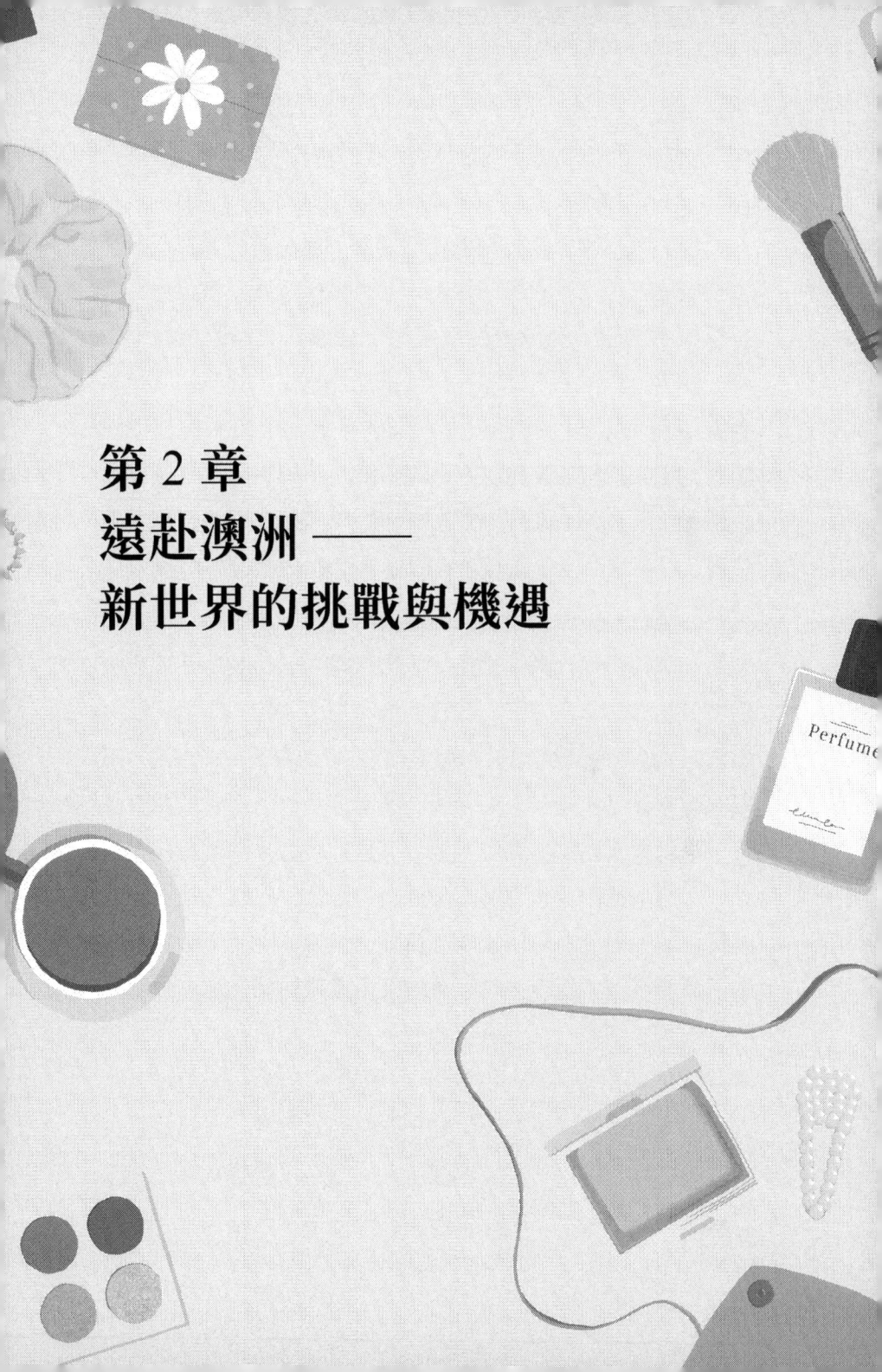

第 2 章
遠赴澳洲 ——
新世界的挑戰與機遇

上篇　我的人生

　　當年出行與現今的飛機之旅不同。現在我可以在巴黎和倫敦度週末，週一返回紐約工作。而當年我要先搭火車從克拉科夫到漢堡，然後再從漢堡港出發乘蒸汽輪船穿過地中海、蘇伊士運河，橫跨印度洋後抵達墨爾本。接下來我還要繼續搭乘長途巴士駛過塵土飛揚的公路，最終到達柯爾雷恩，一個大約只有 2,000 人口的小鎮。小鎮的名字來源於蓋爾語，意思是「長滿蕨類植物的土地」。但我沒看到任何蕨類植物，只有成百上千頭咩咩叫的綿羊和瘦骨嶙峋的牛。

　　從克拉科夫出發長達三個月的旅途中，海上航行最難以忘懷。儘管跟現代郵輪相比，我當年乘坐的那艘船並不大，但船上乘客都非常友好，我也度過了一段美好的時光。我這個人向來不善交際，對於一個年僅 18 歲的害羞女孩來說，這段航行讓我記憶猶新。每天晚上都有三位舉止優雅的單身小夥子爭著與我跳舞。其中一位是英國人，另外兩位是義大利人，而這兩種語言我當時都不會講！跟其他年輕女孩一樣，儘管害羞，但我表現得曖昧且自負。但我從小受傳統守舊的道德標準薰陶，就連接吻都會被視為違背道德，絕不敢越雷池半步。這無疑阻止我進一步發展關係，但與此同時，這也讓我的生活簡單純粹，能夠全心地投入工作。有人想不明白，我從小家教森嚴並接受近乎清教徒式教育，居然會畢生致力於經營一家幫助女性以貌示人的企業。儘管我深愛美，但我只愛美本身，而非美帶來的魅惑。

第 2 章　遠赴澳洲─新世界的挑戰與機遇

薩默塞特・毛姆[021]曾對美做出與眾不同的表述，他這樣寫道：「美這個詞非常嚴肅，至關重要。而如今人們往往輕率地使用這個詞。用『美』來形容天氣，形容花園，形容演繹推理。『美』變成好、漂亮、賞心悅目、惹人喜愛、迷人、有趣的同義詞。然而美並非如此，而且遠不止於此。美是一種力量，令人如痴如醉。當有人說『美得讓人窒息』並不是修辭，有時美的確能帶給人衝擊感，就像一頭栽進冰水中產生窒息的感覺。美能讓你覺得超越自我，得意洋洋；美能帶給你無法比擬的興奮和釋放，進而徹底擺脫自我進入純精神世界，感覺就像墜入愛河。你將從自我中解放出來，進入一個純粹的精神世界，感覺就像墜入愛河，美本身就是墜入愛河。」

如果毛姆說的沒錯，那我很久以前就愛上了美，但我想要的是創造美，而不是被美矇蔽。

在漫長的海上旅程中，我忘掉了所有煩惱，包括思鄉之情。但我一到柯爾雷恩，孤獨感立刻就湧上心頭。這裡太陽很毒，風很大。一望無際的牧場只有一棵棵孤零零的藍桉樹，眼前的場景與我想像中的截然不同。當我想起家人，想起克拉科夫溫馨的家和滿眼綠色的公園，想起維斯瓦河畔美麗的栗樹還有一直延伸至喀爾巴阡山脈的高地時，我的眼中

---

[021]　薩默塞特・毛姆（Somerset Maugham，1874-1965），英國現代小說家、劇作家。代表作：《人性的枷鎖》、《月亮和六便士》、《剃刀邊緣》、《面紗》等。

充滿淚水。

對於勤勞善良的澳洲人來說，我這個波蘭女孩看起來一定像是來自另一個世界。為了讓親戚們留下好印象，我特意打扮了一番：穿上最優雅的白色百褶裙，戴上大草帽，當然還要穿上繫釦的高跟鞋。我也帶了遮陽傘，但發現如果想按歐洲方式將遮陽傘舉在頭上，就擋不住令人睜不開眼的灰塵，魚和熊掌不可兼得。

舅舅的鄰居們，從克羅伊特河車站那邊乘車過來接我，見面後禮貌性地誇讚了我不合時宜的衣著，但他們私底下一定嘲笑我幼稚的虛榮心。

我花了幾個月的時間才適應在澳洲的生活；而且當我意識到當初的選擇其實做了很多犧牲，包括成為一名利己主義者，這讓我難以掩飾懊惱。不管怎樣，我的表兄妹們都很友好。但我仍拒絕將時髦的歐洲服裝束之高閣，而是堅持任何場合都要精心打扮。我甚至無視艾娃的忠告，仍然在這個無聊的地方穿上不實用的高跟鞋。

新朋友們都無法理解我為何能擁有牛奶般的膚質。其實，這種膚質在波蘭家鄉的女孩中非常常見。但對於整天都承受風吹日晒的維多利亞女性來說，這種城市女性獨有的雪白肌膚就顯得非比尋常了。

離家前母親送我的12罐乳霜還有那句「永遠不要忽略護

第 2 章　遠赴澳洲─新世界的挑戰與機遇

膚」，成為我一生的信條。當柯爾雷恩的女性聽說有這種乳霜，大家都想試試。沒過多久，帶來的 12 罐乳霜差不多都送人了，但朋友的朋友們也都吵著要。我寫信給母親，告訴她我需要更多乳霜。於是，母親每月郵寄給我。乳霜一到，我立刻存在舅舅家的地窖，那裡的溫度適合保存乳霜。

即便如此，乳霜仍然供不應求。許多在我初到時對我不錯的人，我都沒辦法滿足她們的要求，這令我非常懊惱。我希望能幫助到每個人。我相信正是這段經歷，讓我開始意識到女性保養的問題。我希望能幫她們保持皮膚光滑細膩，展現天然之美。

如果一切按部就班，我很可能會留在澳洲內地，做點小生意賺錢。但路易斯舅舅似乎開始對我的所作所為不滿；此外，一個遠方表親向我求婚，我無法想像自己會嫁給一個牧場工人。儘管我和斯坦尼斯洛現在還有通訊聯繫，但他的模樣已經逐漸模糊。那段時間，我經常在睡前哭泣，想念母親，但我清楚即便再想家、再痛苦，也無法重返克拉科夫，過那種平靜安逸的生活了。我又做出一個看似錯誤的決定：我必須離開柯爾雷恩。但是我能去哪裡呢？我在這裡人生地不熟，英語也不太好，而且涉世不深。終於我突發靈感。我意識到母親的乳霜就是當地人需要的賣點。我準備開家店，儘管當時我並不清楚具體應該開一間什麼樣的店。但我首先必須去大城市 ── 墨爾本，那裡能為我的夢想提供更大的舞

上篇　我的人生

臺。我又一次不顧長輩的建議，將一切掌握在自己手中。

我在墨爾本有個好朋友——一位年輕的英國女士。我倆在去澳洲的船上相識，她的丈夫是州長助理，我倆一直保持聯繫。當我寫信給她並告知自己的計畫後，她讓我到墨爾本跟她同住。

對於她的熱情我有點猶豫，但我並沒有拒絕，不過我提議我住在她家期間，可以教她的兩個孩子學德語。她欣然接受，於是我很快離開舅舅的牧場，前往墨爾本。

在墨爾本，我第一次接觸到「社交」。這裡幾乎每天都有宴請和聚會，那位朋友和她丈夫帶我出席很多場合。這些活動令人興奮，我也一度陶醉其中。但在內心深處，我知道這只是暫時性的，終究成功要靠自己。我反覆思索經營家族面霜的可行性，直到我想清楚自己到底要做什麼。我要開間店，不光銷售面霜，還要教澳洲女性如何在炎熱乾旱、灼灼烈日的環境下保養皮膚。當時歐洲的美容業都是到府服務，不讓他人知道；而澳洲當時壓根就沒有這種服務。我要透過護膚霜和美容沙龍，將美容服務帶給澳洲女性！我無比興奮！想法有了，護膚霜也是現成的，現在唯一需要的就是資金。

我真是吉人天相！剛到墨爾本，我就遇到在船上結識的另一個朋友——海倫‧麥克唐納。聽完我的計畫，她就不

第 2 章 遠赴澳洲—新世界的挑戰與機遇

斷鼓勵我:「妳必須相信自己,就像我相信妳一樣!」不僅如此,儘管海倫手頭並不寬裕,但她仍將自己積蓄的 250 英鎊(約合當時 1,500 美元)借給我創業。這是我借過的唯一一筆錢,但我永遠不後悔。沒過幾個月,我就連本帶利還清了。

我用一半資金,直接從波蘭萊克斯基醫生那裡大批訂購乳霜,又在當地購買分裝罐和標籤,然後手寫標籤。我用剩下的錢在墨爾本市中心柯林斯大街 274 號二樓租了一間寬敞的房間。屋子採光非常好,我一眼就看上了。我將屋子隔出三個小房間,牆刷成白色,搭配物美價廉的淺色家具。

我將其中一個房間改造成「廚房」。直至今日,我仍將公司的大型研發實驗室稱作「廚房」。有一次,我要求居禮夫人帶我看看她是如何「烹飪」的,這著實嚇了居禮夫人一跳。

我親手粉刷美容沙龍的牆面,還將從波蘭帶來的漂亮白色連衣裙改成窗簾。三個房間裡擺放竹籐家具,都是從澳洲當地購買的二手家具,很便宜。我將椅子塗成白色,跟牆面和窗簾的顏色呼應,然後再用鮮豔的花布蓋上(就像克拉科夫家中一樣)。開業前,我竭盡所能讓這些房間明亮、舒適、賞心悅目。

我還繪製了店面招牌,第一次讓世界知道我的名字:赫蓮娜・魯賓斯坦美容沙龍。

顧客陸續上門,大多是出於好奇。因為在當時美容沙龍

聞所未聞。很多顧客是為了諮詢而來，但幾乎每個顧客離開時，都會買一罐乳霜。

第一次近距離觀察不同類型的膚質，跟客戶探討她們的困擾，我開始明白其實每個人的皮膚各不相同。我突然意識到即便乳霜的功效毋庸置疑（如今亦是如此），但它仍然無法解決所有問題，而且尚有改良的空間。我必須學會優化配方，研發新型護膚霜和乳液，以適用於不同類型的皮膚。我要做的只有一件事，就是每天打烊後整晚在「廚房」裡研發。

我開始將膚質分為油性、乾性和中性（或正常膚質），並按照顧客的不同膚質教她們如何正確塗抹護膚霜。

我終於迎來真正的幸運之神！雪梨知名女記者聽說澳洲開了首家美容沙龍，專程到墨爾本採訪我。她在讀者數量眾多的專欄中一字不漏地報導了我的採訪，並表示她認為，我的護膚霜是所有澳洲女性的福音。由於這篇報導，我收到來自全國各地的大量來信，每封信都附帶匯票。我完全手足無措，因為訂單量超過現有庫存。我熬了幾個通宵，回信感謝每位下單的顧客，而且建議那些暫時不能發貨的顧客先收回匯票。但只有一位顧客收回匯票。

有了這筆錢，我寫信給研發護膚霜的萊克斯基醫生，請他來澳洲工作。令我欣慰的是對方接受了我的邀請，同意到墨爾本短暫停留。最終，他在墨爾本待了好幾個月。期間，

第 2 章　遠赴澳洲—新世界的挑戰與機遇

在萊克斯基醫生的指導下，我調配出「瓦拉茲乳霜」[022]（從此以後，這款乳霜始終屬於赫蓮娜·魯賓斯坦系列產品；作為一款「喚醒霜」，至今依然備受青睞。）我們還共同研製了系列潔顏乳、收斂乳液和藥皂，組成護膚組。

我堅信一切成功都來之不易。如果說我的成功並沒有等那麼久，那應該歸功於天道酬勤——我每天都要工作 18 個小時。期間，我回絕了眾多追求者，放棄了本該屬於年輕人的自由。如果有男孩子想約我週六出去，我會讓他來沙龍接我。等對方到了，如果我正在聚精會神地調製護膚霜，我會毫不猶豫地把攪拌棒遞給他，讓他幫忙一起弄。

有位男士字跡工整漂亮，我就安排他寫了整整一下午的商務信函；另一位膀大腰圓，我讓他調整家具位置——把桶裝護膚霜從儲藏室搬到一樓；還有一位沒那麼強壯，我就讓他負責替即將郵寄的包裹貼商標。不出所料，很快我就沒異性朋友了，再也沒人約我。

但我的事業卻蒸蒸日上。我生活簡樸，能省就省。墨爾本美容沙龍開業不到兩年，我的銀行帳戶從 -250 英鎊（麥克唐納女士的借款）變成 12,000 英鎊存款。很快，我需要一個更大的店面。

在小柯林斯街 243 號一棟剛剛建好的麥克尤恩大廈[023]

---

[022]　即 Creme Valaze。
[023]　即 McEwan House。

031

一樓,我租下了一間七個房間的店面。與第一家門市的白牆不同,這次每個房間牆面都被塗成略微不同的綠色。這麼做主要是為了有家的感覺。當時我很想家,想著家鄉的四季變換。這些綠色能讓我回憶起克拉科夫漂亮的公園和花園,兒時我在那裡和妹妹們嬉戲。

我清楚再也不能單打獨鬥了,我決定寫信給家裡,選個妹妹幫我。六妹賽思卡(如今她負責整個英國業務)曾在柏林師從著名的約瑟夫·卡普博士[024]學習化學。儘管當時賽思卡只有18歲,但她願意來幫忙。寫信給家裡,請妹妹或親人幫忙是我慣用的方法。此後,我多次故技重施,直到今日我們仍然是家族企業。

魅力十足的英國女演員內莉·斯圖爾德[025]也是我的幸運之神,她的到訪讓新美容沙龍被更多人熟知。身為墨爾本現象級巡演劇團的明星,內莉這個名字婦孺皆知。

我和內莉·斯圖爾德第一次見面時,她衝上美容沙龍臺階,還沒進門就要求我幫她恢復從前「粉紅奶白的膚色」,此前正是得益於這種膚色讓她在英國家喻戶曉。她抱怨自從來到澳洲,無論到哪裡都要坐敞篷馬車,陽光直射,晒得她皮膚乾燥,還長了一堆雀斑。「我該怎麼辦?」她嚷道,「畢竟,大家都會關注我!」我推薦她試試瓦來茲乳霜來防晒保溼。

---

[024]　即 Dr. Joseph Kapp。
[025]　即 Nellie Steward。

第 2 章　遠赴澳洲—新世界的挑戰與機遇

我還告訴她，瓦來茲乳霜之所以能在澳洲大賣，是因為乳霜中含有一種溫和的美白成分，定期使用不僅能保持當下流行的光澤皮膚，還有助於去斑。

斯圖爾特不僅買了乳霜，還給了我一個滿懷感激的擁抱。我很欣賞這位性格直爽的女人，自此我們便成為朋友。因為我晚上很難離開沙龍，趕在她演出前見面；早晨我又要早起工作，所以她會時不時在下午過來，有時還會帶個朋友。

有一天她帶來了歌劇演唱家內莉·梅爾巴[026]。當時梅爾巴正在家鄉澳洲做告別巡迴演出。這位偉大的花腔女高音，身穿刺繡禮服，頭戴鴕鳥毛帽子，莊嚴、華麗，氣場非常強大。我非常喜歡她的自信。梅爾巴用動聽的嗓音說：「如果您能讓斯圖爾特擁有粉紅奶白的膚色，那妳一定有辦法找到配得上我嗓音的膚色。」說話間，她來了一段《阿依達》[027]！

我請梅爾巴坐下，讓我看看她的皮膚，但她堅持站著。我身高只有 4 英尺 10 英寸，這讓我很尷尬。我只好拿來一把椅子站在上面，她見狀哈哈大笑，笑得前俯後仰。

我當時才 20 歲出頭，但在澳洲已小有名氣。我還培訓了一批美容師，希望學成後，能到澳洲其他城市幫我經營更多

---

[026]　內莉·梅爾巴（Nellie Melba, 1861-1931），澳大利亞女高音。她是澳大利亞第一位獲得國際聲譽的女高音，也是當時世界上最著名的歌劇演員之一。

[027]　即 Aida。

的美容沙龍。

雖然每天工作辛苦，但我從未忽略自己的皮膚保養。因為沒時間上髮廊，所以我自己洗頭，快速擦乾。我發現最簡潔的髮型就是將頭髮向後梳，再紮一個髮髻。後來，當我回到克拉科夫家中，母親多年後第一次見到我，就想盡辦法勸我改變髮型。她說：「赫蓮娜，這髮型對女孩來說非常難看。」然而多年後，英國肖像畫家葛拉漢・薩瑟蘭[028]卻誇讚這種簡潔髮型更能彰顯我睿智的頭腦。

儘管賽思卡過一陣子才適應澳洲的生活，但有賽思卡和團隊的幫助，事業很快就步入正軌。起初，賽思卡覺得孤獨、不開心。但她很快就適應了，沒過多久就滿懷熱情地投入全新的生活和工作。她對實驗室研究非常感興趣，經常在「廚房」待好幾個小時，直到她遇到令她心動的英國男子——愛德華・庫珀[029]。庫珀擁有數匹高品質賽馬，因此在澳洲賽馬圈小有名氣。我感覺他倆用不了多久就會結婚——果然被我說中了。

當我發現即便自己不在店裡，生意依舊興隆，於是我內心又產生了新的想法。我希望能將事業做大，我知道這僅僅是開始。有朋友勸我等等再說：他們認為「青春只有一次，

---

[028] 格雷厄姆・薩瑟蘭（Graham Sutherland，1903-1980），英國藝術家、畫家，擅長抽象風景畫和人物肖像畫。
[029] 即 Edward Cooper。

第 2 章 遠赴澳洲—新世界的挑戰與機遇

應該享受生活！」他們不會明白,只有在工作、實驗、研發時我才是最幸福的。我已經開始夢想,要讓我的名字出現在全世界各國首都。

但夢想絕非空談。那些所謂能永保青春的靈丹妙藥和神奇藥水,我決心要徹底打破這些含糊其辭、毫無依據的謊言。唯一正確的途徑,我堅信就是系統、科學的方法。想實現夢想,我還有很多東西要學。

我始終注重細節。儘管我相信員工能執行我的指令,但是剛開始凡事必須事必躬親。我必須掌握每種製劑的配方,並確保能達到宣傳的效果。

為了實現這個目標,我前往歐洲的醫療中心深造,盡自己所能學習人體及其所需營養的相關知識。維也納、柏林、巴黎,然後倫敦!這些美妙的名字反覆在我腦海裡浮現,都是偉大的文化中心和知識殿堂。我將在這些地方遇到諸多知名教授和科學家,向這些業內公認的專家求學問道。

但在此之前,我得先回去看看父母。

回到克拉科夫,發現這裡沒有任何變化;但眼前的家鄉似乎變小了!這裡依舊美麗,但感覺有點僻靜乏味。一切如故。如今,我已見識了外面的大千世界,也遇到了形形色色的人。克拉科夫的生活對我來說已變得陌生,我已不再屬於這裡。

上篇　我的人生

　　我減少了陪伴父母的時間，現在想起來有點後悔。但當時我必須儘早趕去巴黎，跟著名的皮膚科專家貝特洛博士[030]學習。我夜以繼日地待在實驗室裡，如飢似渴地學習所有皮膚科學護理相關知識。我跟隨貝特洛博士學習複雜的皮膚解剖學，掌握如何管理皮膚外表和健康；我還從幾位了不起的外科醫生那裡了解到臉部整形手術（當時尚處於萌芽階段）的功效。我還盡自己所能學習人體新陳代謝、飲食以及二者與美麗健康的關係。

　　我還花幾個月的時間參觀歐洲的高級皮膚診所，觀察如何經營。在維也納我遇到了一位優秀的女醫生——多克托爾‧埃米‧李斯特[031]女士。日後我倆成為好友，數年後，多克托爾加入我的倫敦分公司。這段時間是我人生中最難忘的時光，我不斷學習全新知識，興奮不已。

　　當我最終返回澳洲時，內心充滿對未來的宏偉計畫。歐洲一年讓我更清醒地意識到，我要為之付出一生的選擇完全正確。我清楚「時不我待」和「一心一意」的道理。我準備與公司一起成長，為之付出全部。我心無旁騖地工作，直到一天有位美國新聞記者到店拜訪。他叫愛德華‧威廉‧泰特斯[032]，有波蘭血統，是妹妹在克拉科夫的朋友。愛德華去過

---

[030]　即 Dr. Berthelot。
[031]　即 Doktor Emmie List。
[032]　愛德華‧威廉‧泰特斯（Edward William Titus，1870-1952），美籍波蘭裔記者，赫蓮娜的首任丈夫。

第 2 章　遠赴澳洲—新世界的挑戰與機遇

很多地方,非常健談,我被他迷住了。之前我認識的人大多都過著狹隘、無趣的生活;他們害怕改變,質疑新思想。而愛德華‧泰特斯聰明過人,對一切充滿興趣;愛德華在文學和藝術界有很多朋友,對新思想也兼容並蓄。他的出現激發了我的想像力。

他帶我看戲劇、聽音樂會,跟他在一起我很開心。他為我開啟了一個全新世界。沒過多久,我倆就開始頻繁見面。即使如此,當有一天他突然對我表白時,我還是有點猝不及防。他說:「赫蓮娜,我明白妳要創業。嫁給我,我們一起實現夢想!」

從當初離開克拉科夫、與斯坦尼斯洛分手的那刻起,我就再沒有考慮過結婚。但我非常擔心,如果繼續待在澳洲,我早晚會嫁給愛德華‧泰特斯。女人一生中會遇到很多人,與他們聊天、調侃,然後成為朋友。直到突然出現一個素未謀面的男人,從那刻起,這個人就成為女人最重要的人。我戀愛了 —— 完全出乎意料,我知道我得離開。其實是我還沒做好結婚的準備,我有點害怕。

上篇　我的人生

第 3 章
逐夢英倫──
事業的躍升

上篇　我的人生

　　我決定去倫敦,當時倫敦不僅是全世界思想、時尚、經濟和審美中心,還是地球另一邊最富有、最快樂、最優雅的首都,也是我最希望獲得成功的地方,沒有任何理由能阻礙我奔赴倫敦。但我卻左右為難。到底應不應該離開愛德華讓我猶豫不決,因為我真的很在乎他。這是我最難抉擇卻又不得不面對的問題,因為這不是一個人的事。但無論怎麼選我都不開心。最終我決定必須離開。決心已下,我立即訂了前往南安普敦[033]的船票。

　　其實我內心始終在愛人和事業兩者中間左右徘徊。我知道愛德華一度非常沮喪,但他答應過一陣子就會來找我。我問他多久,因為我倆都離不開彼此。但我的首要任務是在倫敦開家美容沙龍。

　　我要再一次經歷數月的孤獨,澳洲所有朋友都不支持我。「維持現狀,赫蓮娜,妳馬上就能舒舒服服地當一個百萬富翁。」他們說,「但如果想在倫敦開美容沙龍,恐怕要一敗塗地。」我實在搞不懂這些英國女人,很多都是我在澳洲的好友,為何在立場上跟我如此相左。

　　倫敦當時正處於愛德華七世鼎盛時期,梅費爾[034]和貝爾格萊維亞[035]富人區讓人看了心生羨慕,豪宅中住著全世界最

---

[033]　南安普敦(Southampton),英國英格蘭東南區域漢普郡的港口城市。
[034]　梅費爾(Mayfair),英國倫敦市中心的一個區域,位於西敏市內。
[035]　貝爾格萊維亞(Belgravia),英國倫敦市中心以西的一個區。該區以高級住宅著稱,是世界上最富裕的地區之一。

第 3 章　逐夢英倫—事業的躍升

優雅、最挑剔的貴婦。豪宅周圍安全有序，毗鄰王宮，王宮裡住著溫文爾雅、萬人敬仰的愛德華七世[036]和他美麗的亞歷山德拉王妃[037]。豪宅的女主人都在不同程度上與皇室相關，比如喬治・凱佩爾夫人[038]、羅妮・格雷維爾夫人[039]和威利・詹姆斯夫人[040]。

在這個陌生的城市，我顯得有點格格不入。大多數建築都是緊閉大門。這讓習慣於忙碌的我有點迷失，之前我至少可以在「廚房」裡研製乳霜和乳液。我懷念愛德華在身邊時給我的鼓勵和啟發。甚至有時我會想，當初愛德華求婚時我沒答應他是不是錯了！但我不斷安慰自己——我知道如何創造美、展現美，這是每個女人都夢寐以求的技能。

正是孤獨給了我動力。我在阿林頓街區[041]和一個澳洲女孩合租了一間三層樓公寓，她到倫敦的時間跟我差不多。每天一大早，我就出去尋找適合開美容沙龍的地點。在倫敦想找有竹籐家具的房子並不難。但如果想吸引高階客戶，美容

---

[036] 愛德華七世（King Edward VII，1841-1910），聯合王國及其自治領國王、印度皇帝。
[037] 亞歷山德拉王妃（Queen Alexandra，1844-1925），愛德華七世之妻。1901年1月22日至1910年5月6日期間身為聯合王國及其自治領王后及印度皇后。
[038] 喬治・凱佩爾夫人（Mrs.George Keppel，1868-1947），英國貴族、社交名媛。
[039] 羅妮・格雷維爾夫人（Mrs Ronnie Greville，1863-1942），英國貴族、社交名媛。
[040] 威利・詹姆斯夫人（Mrs. Willie James，1867-1929），英國貴族、社交名媛。
[041] 即 Arlington Street。

沙龍就必須開在梅費爾區。

到了中午，如果我感到疲憊或沮喪，下午我就會去看場演出，振作精神的同時順便也歇歇腳。晚上我經常會到劇場看演出，以此來打發獨處的時間。倫敦的劇院讓我欣喜若狂，沒過多久我就看遍了當地所有演出。倫敦聚集了當時英國演藝界的名角——愛蘭·黛麗[042]、坎貝爾·派翠克夫人[043]、喬治·亞歷山大爵士[044]、亨利·歐文爵士[045]。還有風靡英倫的莉莉·艾爾西[046]，她在戴利劇院出演的《風流寡婦》[047]我至少看過5次；我還是約克公爵劇院的常客，當時伊莎朵拉·鄧肯[048]在那裡跳舞。我完全被她的獨特魅力吸引，驚嘆於她能將叢林貓的優雅和淑女的舉手投足融為一體。

幾年後，我在瑪戈特·阿斯奎斯[049]的晚宴上見到了伊莎朵拉·鄧肯。這位偉大舞蹈家走進房間，好像希臘悲劇中的

---

[042]　愛蘭·黛麗（Ellen Terry，1847-1928），英國著名女演員、劇院經理。
[043]　坎貝爾·派翠克夫人（Mrs. Pat Campbell，1865-1940），英國著名舞臺劇演員，擅長莎士比亞戲劇。
[044]　喬治·亞歷山大爵士（Sir George Alexander，1858-1918），英國著名演員、劇院經理。
[045]　亨利·歐文爵士（Sir Henry Irving，1838-1905），英國著名演員、演員公司經理。
[046]　莉莉·艾爾西（Lily Elsie，1886-1962），英國著名舞臺劇演員、歌唱家。
[047]　即 The Merry Widow。
[048]　伊莎朵拉·鄧肯（Isadora Duncan，1878-1927），美國舞蹈家，現代舞的創始人，是世界上第一位披頭赤腳在舞臺上表演的藝術家。
[049]　瑪戈特·阿斯奎斯（Margot Asquith，1864-1945），英國社會名媛、作家。時任英國首相阿斯奎斯的夫人。

主角。她頭部和肩上披一條雪紡拖尾絲巾，多餘的絲巾飄在身後。效果滿分，但不實用。整個晚宴，伊莎朵拉不停地擺弄絲巾。我小心翼翼地問：「如果絲巾短一點會不會更安全、更漂亮？」她對我的冒失感到驚訝，但也覺得有趣。「親愛的孩子，」她說，「效果怎麼樣？」幾年後，伊莎朵拉·鄧肯死於她對拖尾絲巾的執著。她當時開著布加迪跑車，脖子上戴的拖尾絲巾在身後隨風飄擺。結果絲巾意外絞進高速旋轉的輪輻。車還沒停下來，她已經被絲巾勒死了。

我記得蓋比·德斯利斯[050]，一個極具魅力和膽識的女人。她身穿自己設計的低胸天鵝絨禮服，總能在社交禮儀允許的範圍內，最大限度地展露胸部。她還會穿上最薄的蕾絲長襪和點綴人造鑽石的恨天高，以此來突顯她迷人的腿部。即便面對死亡，她也是個傳奇。她死於喉疾，其實當時這種病可以透過手術治癒。但對蓋比·德斯利斯來說，她寧願選擇死也不願意留下手術的疤痕。

上述幾位曾經名噪一時，但在當年對我的影響遠不如她們如今在我記憶中重要。1907 年的我在倫敦誰也不認識。當我穿梭於一條條街道時，心中只有一個想法，就是找到適合開美容沙龍的地點。偶爾我也會感到沮喪，但這種情況不多。因為我早已明白一個道理：目標越遠大，就要為之付出

---

[050] 蓋比·德斯利斯（Gaby Deslys, 1881-1920），法國早期音樂廳的著名歌手、舞者和演員，被譽為「首位歌舞廳天后」，在 20 世紀初的巴黎音樂界中占據重要地位。

更多努力。當夜幕降臨,身心俱疲時,我就睡覺,睡醒了再迎接新一天的到來。第二天我會繼續尋找,早晚能找到心儀的房子。

偶然的機會,我聽說索爾斯伯利侯爵[051]的府邸準備出租,他當時是英國政壇的大人物,我立刻趕過去。那是一幢漂亮的連棟別墅,喬治亞建築風格,共4層26個房間,位於格拉夫頓街[052]。房租每年要幾千英鎊,遠遠超出我的預算,但我要賭一把。我租下這棟房子,然後馬上動工!

我聯繫承包商、油漆工、木匠,告訴他們具體怎麼裝潢。其實這些經驗都源自澳洲的開店經歷,而且當時遇到的困難跟倫敦完全不同。我居然能胸有成竹,沒有諮詢任何人就動手裝修倫敦美容沙龍,還親自設計美容沙龍的室內和外牆,現在回想起來這簡直不可思議。我對室內裝修幾乎一竅不通,也根本沒有時間去學習。但我非常清楚自己想要什麼,全靠直覺和判斷。在一切按部就班後,我立即前往巴黎和維也納。一來離正式開業還有幾週時間;二來我需要應徵一批優秀能幹的員工。但最主要的是我必須了解美容護膚領域的前沿動態。我還成功說服在維也納的朋友——埃米·李斯特醫生加入倫敦團隊。儘管日理萬機,但我仍然擠出時間

---

[051]　索爾斯伯利侯爵(Lord Salisbury,Robert Arthur Talbot Gascoyne-Cecil,1830-1903),英國保守黨政治家,曾三次出任首相。
[052]　即 Grafton Street。

第 3 章　逐夢英倫—事業的躍升

研發了幾種新製劑。那段時間我彷彿不知疲倦。當我重返倫敦，整個人煥然一新，對未來充滿期待。

一天，我沿著格拉夫頓街往新沙龍走，看到一個熟悉的身影站在店門外，正仰頭注視店面的臨時招牌，上面寫著我的名字。這個人正是愛德華·泰特斯！愛德華信守諾言，從澳洲過來找我。一如既往，他一開口就讓我出乎意料。「赫蓮娜，那些白色錦緞窗簾很漂亮，」他說，「但如果想在倫敦成功，妳還得繼續改進。今晚我帶妳去看俄羅斯芭蕾舞團[053]演出，讓妳看點新鮮的。」

當時，謝爾蓋·達基列夫[054]的俄羅斯芭蕾舞團正在英國首演。這也是我第一次看芭蕾舞。我被尼金斯基[055]深深吸引。除了芭蕾舞，里昂·巴克斯[056]和亞歷山大·伯努瓦[057]的舞臺設計同樣讓我心動。當看到舞臺上紫色與品紅色、橘色

---

[053]　俄羅斯芭蕾舞團（Ballet Russe），1909年由謝爾蓋·達基列夫創立於巴黎的一個芭蕾舞團，1909～1929年間在歐洲及南北美巡迴演出。雖然叫做「俄羅斯芭蕾舞團」，但實際上它從來都沒有在蘇俄演出過。它是20世紀最有影響力的芭蕾舞團之一，史特拉汶斯基、德布西、普羅高菲夫和莫里斯·拉威爾都曾為它創作過作品。
[054]　謝爾蓋·達基列夫（Sergei Diaghilev，1872-1929），俄國藝術評論家、贊助人，以創立俄羅斯芭蕾舞團而知名。
[055]　尼金斯基（Nijinsky，1890-1950），波蘭裔俄羅斯芭蕾舞者和編舞家，以非凡的舞蹈技巧及對角色刻畫的深度而聞名。他是當時少數會足尖舞的男性舞者，擁有彷彿可擺脫地心引力束縛的舞姿使其成為傳奇。
[056]　里昂·巴克斯（Leon Bakst，1826-1924），白俄羅斯-俄羅斯畫家，場景和服裝設計師。其設計作品色彩豐富，充滿異國情調。
[057]　亞歷山大·伯努瓦（Alexandre Benois，1870-1960），俄羅斯藝術家、藝術評論家和舞臺設計師。他在現代芭蕾舞和舞臺設計的發展中發揮了重要作用。

與黃色、黑色與金色的光電組合，一向習慣甜美柔和設計風格的我興奮不已。與我之前選擇的純白色和顏色接近的綠色相比，這幾組顏色更加熾熱、充滿激情、涇渭分明。愛德華是對的。演出結束，儘管已經很晚了，但我直接回到美容沙龍，扯下白色錦緞窗簾。第二天，我讓工人全部換成昨晚演出的鮮豔配色。從此以後，這些配色在世界各地的魯賓斯坦沙龍沿用多年。

我開始每天都和愛德華見面。他是第一個能讓我把事業放下的人。在接下來的幾週，他再次憑藉人格魅力俘獲了我的芳心。在很多方面我倆截然相反。我至今都很內向，不善言辭，活在自己的世界，只有在工作中才會感受自信和放鬆；愛德華卻性格外向，思想超前，好奇、衝動，引領時代之先。他舉重若輕的優雅和魅力，從墨爾本到倫敦始終吸引我。我發現自己愛得要比想像中更深。就像當初在澳洲一樣，這讓我感到不安。

愛德華經常帶我去皇家咖啡廳[058]用餐，這裡是當時倫敦知識界的聚會場所。在皇家咖啡廳，我第一次見到戴著單片眼鏡、身穿晚禮服的薩默塞特·毛姆；還有同樣風度翩翩的

---

[058]　皇家咖啡廳（Café Royal），位於英國倫敦皮卡迪利（Piccadilly）中心地帶的五星級豪華酒店。該酒店歷史悠久，最初是一家酒吧和餐廳，曾吸引了許多名人，包括奧斯卡·王爾德和溫斯頓·邱吉爾。經 2008～2012 年的改造，酒店重新開業，成為現代奢華酒店的典範。

作家、劇評家麥克斯・畢爾邦[059]；還有紅鬍子的蕭伯納[060]。他的衣著讓我感到好奇，全都是手工毛織品。

在皇家咖啡廳，愛德華再次向我求婚。這一次我毫不猶豫，立刻做出回應，接受了他的求婚。我倆在倫敦登記，婚禮非常私密低調，只邀請了兩位摯友見證。記得儀式結束後，我們到平時經常光顧的薩伏伊燒烤餐廳[061]吃午餐。愛德華點了鴴鳥蛋搭配香檳。我當時太興奮了，吃什麼都無所謂。

我倆在尼斯度蜜月。一開始我完全沉浸在幸福中。我之前從未去過法國南部。當時那裡還沒有開發，美得讓人難以置信。我們驅車自駕，從格拉斯[062]群山到蒙地卡羅[063]，再到坎城[064]，那裡當時還只是個小漁村。愛德華笑著對我說：「赫蓮娜，這裡所有美景都是專門為我倆準備的。」我當時差點就信了。

蜜月應該是女人一生最幸福的時光。但我和愛德華卻在蜜月裡大吵了一架。我知道是我不對。一天早上我到酒店大

---

[059] 麥克斯・畢爾邦（Max Beerbohm，1872-1956），英國作家，諷刺畫家。
[060] 蕭伯納（George Bernard Shaw，1856-1950），英國／愛爾蘭劇作家和倫敦政治經濟學院的聯合創始人。蕭伯納一生寫過超過 60 部戲劇，擅長以黑色幽默的形式來揭露社會問題。1926 年因為「作品具有理想主義和人道主義」而獲 1925 年度的諾貝爾文學獎。
[061] 薩伏伊燒烤餐廳（Savoy Grill），英國倫敦豪華酒店薩伏伊酒店內的餐廳，位於西敏市河岸街。
[062] 即 Grasse。
[063] 即 Monte Carlo。
[064] 即 Cannes。

廳跟愛德華會合,看見他正和一個年輕貌美的女孩有說有笑。他聚精會神地聊天,好像完全沒意識到我的出現。盛怒之下,我衝出大廳,鬼使神差地跑到最近的珠寶店,買了一串價格不菲的珍珠。然後隨手攔下路邊的馬車,讓司機送我去車站。當時我腦海裡只有一個想法——離開。我買了最快一班去巴黎的車票,連解釋的機會都沒給愛德華。他跟我到了巴黎,直到他追上,我才為自己的愚蠢行為感到後悔。(但我留下珍珠,而且此後我倆只要發生爭執,我就會去買更多珍珠。這也成為我的一個嗜好。很多女人買帽子,但惹我生氣要付出更大代價,就像我對待其他事情一樣。)

格拉夫頓街的美容沙龍開業前,我倆趕回倫敦。這次我們專門請了手法精湛的行家來繪製懸掛在店外的招牌,並在「赫蓮娜‧魯賓斯坦」下面,用小字標明「瓦來茲美容中心」[065]。這個商標後來一直沿用多年。

愛德華和我的第一個家就在格拉夫頓大街店面的三樓,美容沙龍樓上。(我的「廚房」安置在閣樓。)這棟公寓的採光和通風都很好,能看到周圍幾英里的風景。愛德華對此非常滿意,他可以不受任何干擾地創作。他非常有創作天賦。每當事業上遇到問題,我都喜歡問問他的建議。

儘管愛德華敦促我為新沙龍做點宣傳,但我不想透過媒體宣傳。我唯一能做的就是靠口碑相傳,等待客戶主動上

---

[065]　即 Salon de Beaute Valaze。

第 3 章 逐夢英倫—事業的躍升

門。我知道她們遲早會來，此時的我已經學會耐心等待。

當時（大概 1908 年）化妝僅限於舞臺表演。只有女演員才化妝，而且在公共場合也只是略施粉黛。加布里埃爾‧雷[066]或許是當時最出色的化妝專家。她發現在鼻翼兩側打陰影（她常用紅色和淡紫色）能讓鼻子看起來更漂亮；眼瞼和太陽穴上方的陰影能讓雙眼看起來更大而且炯炯有神。她會在臉頰先塗上一抹紅色，然後用赤陶粉點綴耳垂和下巴。但在當時化妝技巧剛剛興起，演藝圈以外更是諱莫如深。我自己嘗試的同時，也向女演員請教。我還將化妝知識教給一些前衛的顧客，她們再教別人。我知道用不了多久，又一個阻礙美容產業發展的頑疾將不復存在。

在美容沙龍，我潛心研究皮膚分析和臉部護理；回到格拉夫頓大街店面頂樓的「廚房」，我便專注於研發化妝品配方。我不喜歡當時流行的純白色定妝粉。這種由糙米製成的定妝粉源於中國，塗抹後臉部看起來像剛粉刷完的白牆。關鍵是顏色問題。對於皮膚白皙的金髮美女來說，紅潤、粉嫩色定妝粉配上淡褐色陰影才是明智的選擇。我還想在配方裡加入香水，方便顧客透過略有不同的淡淡香氣分辨產品。當然，這些都需要時間。我清楚當時依舊保守，女性要想打破傳統尤為不易。所以，我絕不能操之過急。

[066] 加布里埃爾‧雷（Gabrielle Ray，1883-1973），英國舞臺演員、舞者和歌手，以其在愛德華時代音樂喜劇中的角色而聞名。她被認為是當時最美麗的女演員之一，並成為世界上最受歡迎的攝影模特兒之一。

049

跟當初在墨爾本一樣，倫敦店的第一批顧客也是出於好奇。當初曾經拜訪過索爾斯伯利侯爵府邸的貴婦們，非常想看看我到底把這裡折騰成什麼樣了。但如此直白的好奇心略顯庸俗，與其尊貴身分嚴重不符。即便如此，夫人們最終還是來了，但都不希望朋友知道。我經常從樓上窗戶看到，某位夫人坐著帶棚馬車隻身前來探店，在格拉夫頓大街的街角小心謹慎下車。下車後，她們先放下面紗，在相對僻靜的布魯頓小巷[067]稍候片刻。確認街上沒有人經過後，她們才匆忙進入美容沙龍。每位夫人都穿著時尚，白色小羊皮手套一直到肘部，手挎金色網狀手提包，裡面裝金筆、香水手帕和金色名片盒，但很少裝現金。貴婦從不帶現金。

　　我曾經不止一次設想，如果兩位夫人同時走下馬車並認出彼此，會發生什麼事？但最重要的是她們都來了，而且一次又一次。

　　我的收費標準是每個療程（12 次護理）10 畿尼。如果按照每週一次的頻率，一年下來大約 2,000 英鎊。這個價位絕對是前所未有。但倫敦美容沙龍開業不到一年，我就擁有超過 1,000 位客戶。從此我再也不用為房租發愁了。

　　第一批顧客中有位客人家世顯赫，但受痤瘡困擾多年。正因如此，她很少見人。有一天，她走進美容沙龍，把自己

---

[067]　即 Bruton Lane。

裹得嚴嚴實實,羞怯地要求單獨見我。她猶豫再三才同意走進美容室。當我幫她摘去面紗,我才見到白色粉底下的皮膚,情況已經非常嚴重。

我在維也納學過一種全新、大膽的去死皮療法,專門針對像她這種嚴重的皮膚疾病。這也許是她唯一的希望。最終,我成功說服她接受李斯特醫生的治療。此後,她非常配合,半年內每週都來接受治療。儘管對新療法感到不安,但是她仍然堅持。隨著皮膚表面的凹痕逐漸消失,下面的新生組織也依稀可見,她看到了自己的蛻變。當皮膚越來越柔軟光滑,她的生活態度也發生了徹底的轉變。她不再羞怯、脆弱、悲觀,之前一直被痛苦和悲觀遮蔽的柔情和魅力也漸漸顯露。她的感激之情無以言表,令人動容。

她幫忙介紹了許多身邊朋友。一年後,她跟隨丈夫去了印度,又幫我介紹了很多印度王室成員。這些女士中很多人長得都很美,但因為皮膚問題,只好用厚紗遮面。我非常高興在美容沙龍裡見到這些貴婦。她們身材嬌小、舉止優雅,周身上下裝點絢麗多彩的珠寶,頸部佩戴名貴的珍珠項鍊,雙手和手腕上帶的都是綠寶石和紅寶石。

我在倫敦聲名鵲起,刊物也在評論版上討論我的美容沙龍。於是,愛德華開始構思廣告——這在當時絕對前所未有。

定妝粉研製成功，接下來就該是腮紅了。因為只有瑪戈特・阿斯奎斯夫人有勇氣公開使用腮紅。於是，我教她如何藉助腮紅提升氣質，讓她看起來更漂亮。阿斯奎斯夫人非常滿意，並且坦誠熱情地回答了所有羨慕者的問題。這正是我期待的免費宣傳，效果非常好。

阿斯奎斯夫人還邀請我到她家裡做客。我在她家中遇到了許多社會名流，其中不少都是「幽靈俱樂部」[068]成員。該俱樂部由當時知識界、藝術界貴族、追求新潮的作家和政治家組成，反對一切政治和社會界限。

我在倫敦的社交生活是當初克拉科夫時期做夢都想不到的。就連社會階層領袖——德・埃爾朗熱男爵夫人[069]都成了我的朋友。她住在皮卡迪利[070]的拜倫故居，我從她那裡接觸到藝術和文藝的另一個世界。「我感興趣的是人到底是什麼，」在她看來，「而非他們是誰」。這個如今已被智者接受的觀點，在當時卻是相當大膽的論斷。

德・埃爾朗熱男爵夫人與我對室內裝潢有很多共識，我倆經常就此分享觀點。她房間裡的牆面、擺設和鮮花，都以

---

[068]　「幽靈俱樂部」（The Souls），在英國歷史上具有重要意義的社交和知識菁英團體，活躍於1885年至20世紀初。這個團體以其獨特的文化和藝術影響力而聞名，成員包括一些當時最傑出的作家、藝術家和思想家。如奧斯卡・王爾德、亨利・詹姆斯和蕭伯納等。他們透過定期的聚會和討論，分享思想和創意，推動了當時的文化發展。

[069]　德・埃爾朗熱男爵夫人（Baroness d'Erlanger，1874-1959），英籍法裔藝術贊助人和社交名流，以其在藝術界的影響力和對文化活動的支持而聞名。

[070]　即Piccadilly。

第 3 章 逐夢英倫——事業的躍升

白色和金色為主。她創造了巴洛克式威尼斯家具風格，令我欽佩並仿效。後來，這種裝飾風格由薩默塞特·毛姆的夫人賽里·毛姆[071]——一位才華橫溢的設計師發揚光大，並在 30 年代風靡一時。然而，跟許多裝飾潮流一樣，流行意味著走向衰落。

德·埃爾朗熱男爵夫人（凱薩琳）率先引領全世界範圍的時尚，她是真正的先鋒派。她的品味和自信為其營造出一種世人罕見的激動氛圍。多年來，她一直住在威尼斯。在她帕拉底歐風格[072]的別墅裡總是高朋滿座，住滿了藝術家朋友。這些人經常用主人喜歡的各式各樣收藏品重新裝點各個房間。隨著二戰爆發，她被迫遷居美國，在加利福尼亞安家。她在好萊塢著名的日落大道[073]開了一家夜總會，異域風情的凱薩琳吸引了許多社交名流。她經常身著晚禮服，佩戴祖母綠寶石，腳上卻穿網球鞋，泰然自若地坐在收銀臺前。我最後一次見到這位與眾不同的女人，是在她好萊塢家中的聚會。她滿心歡喜地招待摯友，四周滿是她收藏的油畫和威尼斯家具，還有她養的 9 隻貓。在場的還有史特拉汶斯基[074]、

---

[071]　賽里·毛姆（Syrie Maugham，1879-1955），英國室內設計師。
[072]　帕拉第奧風格（Palladian），一種建築風格，源於義大利文藝復興時期的建築師安卓·帕拉底歐（Andrea Palladio）的設計理念。這種風格以其對稱性、古典元素和優雅的比例著稱，深受後世建築師的喜愛。
[073]　即 Sunset Strip。
[074]　史特拉汶斯基（Stravinsky，1882-1971），作曲家、鋼琴家及指揮，20 世紀現代音樂的傳奇人物，擁有俄羅斯、法國與美國三國國籍。革新過三個不同的音樂流派：原始主義、新古典主義以及序列主義。被人們譽為是音樂

阿道斯·赫胥黎[075]、柯爾·波特[076]和卡萊·葛倫[077]。她喜歡身邊有男士相陪,而且對此毫不避諱。當天僅有兩位受邀出席的女士——我和葛麗泰·嘉寶[078],但我倆全程沒有交流。

愛德華最喜歡和具有創造力的人在一起,邀請他們到家裡做客。不管白天寫多少,晚上他都要宴請朋友或者被朋友宴請。我們經常準備自助餐和晚宴,邀請年輕的藝術家和作家。聚會輕鬆快樂,非常隨意。

我們仍然經常外出。在一個波蘭外交活動招待會上,我第一次見到年輕的阿圖爾·魯賓斯坦[079]。他當時只有20歲。但在美國首次登臺亮相後,他已經被視為偉大的鋼琴家。我和他都出生在波蘭,還都是猶太人,我們也都來自大家庭——我是八個孩子中的老大,他是七個孩子裡最小的。因為同姓,所以我倆都願意相信彼此有某種親屬關係。其實我倆祖上根本毫不相關。阿圖爾舉止謙謙君子,第一次見面我就被他深深吸引。一天晚上,我冒昧地邀請他到家中為客人

界中的畢卡索。

[075] 阿道斯·赫胥黎(Aldous Huxley,1894-1963),英格蘭作家,著名的赫胥黎家族成員。祖父是著名生物學家、演化論支持者湯瑪斯·亨利·赫胥黎。
[076] 科爾·波特(Cole Porter,1891-1964),美國作曲家和歌曲作者。
[077] 卡萊·葛倫(Cary Grant,1904-1986),英國電影演員。美國電影學會的AFI百年百大明星排名中將他列為男影星第2名。
[078] 葛麗泰·嘉寶(Greta Garbo,1905-1990)),瑞典國寶級電影女演員,奧斯卡終身成就獎得主,好萊塢星光大道入選者。1999年,美國電影學會評其為百年來最偉大的女演員第5名。
[079] 阿圖爾·魯賓斯坦(Artur Rubinstein,1887-1982)美籍波蘭裔猶太人,著名鋼琴演奏家,是20世紀最傑出、「藝術生命」最長的鋼琴家之一,常被世人尊稱為「魯賓斯坦大師」(Maestro Rubinstein)。

演奏，他答應了。從此以後我倆就成為了朋友。

阿圖爾思想深邃。除了精采演奏外，我還喜歡聽他講話。「人一生最重要的是要明白為什麼活著，」他曾說，「不光要建橋、蓋高樓或者賺錢，而是應該做些真正有價值的事，為全人類做點什麼。」

就像我結識阿圖爾‧魯賓斯坦一樣，類似的外交活動在梅費爾區掀起了社交熱潮。不久後，愛德華和我就受邀參加更為正式的舞會和週末聚會。我需要認真學習宴請的藝術了。

我盡自己所能準備最豐盛的自助餐。我不太喜歡經常參加的晚宴，有點華而不實。所有客人都坐在長桌旁，女士對面永遠是男士，完全不考慮彼此是否有共同話題。愛德華和我在家裡準備了一張圓桌，12個人可以舒服地坐在一起。如果超過12人，還可以再增加一個小圓桌，而且沒有固定的座位安排。

這樣我們就能知道客人是否覺得無聊，或者在客人起身取餐時建議換個位置。後來，我又充分發揮想像力，準備了好幾套餐具和桌布，並按照視覺效果混搭。每次擺桌都有不同的配色方案：如果鋪黃色桌布，那就選用橙白色盤子和淡綠色雕花玻璃杯，再搭配紫紅色銀蓮花圖案淺碗。如果想別具一格，我就用黑色的日本漆面盤搭配波希米亞玻璃杯。我

還會時不時地展露拿手絕活——將食物與餐具配色融為一體。比如粉紅色鮭魚上桌後，下一道菜是五分熟烤牛排，再用粉色盤子盛草莓慕斯，然後搭配一大杯（赤陶高腳杯）玫瑰葡萄酒。

我喜歡簡單的菜品。我們早期在倫敦結識的藝術家朋友們，特別喜歡在寒冷的冬夜品嘗我做的波蘭菜。我家餐桌上經常擺著熱氣騰騰的蔬菜湯、優酪乳油、波蘭餃子[080]、焗烤肉卷、燉魚，還有各種用茴香和草藥調味，用紅酒精心熬製的特色波蘭美食。

按理說每天忙於社交，事業一定會受到影響。但我卻從未耽誤正事。幸運的是，我不需要睡太多。我經常在「廚房」工作到深夜，直到睏得睜不開眼，即便有聚會亦是如此。這時我才會悄悄下樓睡覺，不吵醒愛德華。

經營倫敦美容沙龍的同時，我始終和妹妹賽思卡保持聯繫，時刻關注澳洲那邊的經營情況。這段時間裡，來自歐洲各地的諮詢和訂單越來越多。這讓我有充分的理由再去一次巴黎，但這次和愛德華一起。除了談生意，我還能趁這個機會買些新衣服。我倆結婚時買的禮服已穿過多次。對於幾乎每天晚上都要見面的朋友和熟人來說，毫無新鮮感。

1914 年前，一套定製禮服的價格在 150 到 250 美元之

---

[080]　即 piroshki。

第 3 章　逐夢英倫—事業的躍升

間。如果再添 100 美元，還能在禮服上縫製最精美的手工刺繡和珠飾。當時我最欣賞的設計師叫保羅・波烈[081]，一個性格開朗、留著髭鬚的法國人。他的天賦在其大膽創意的設計上展露無遺。他出身寒門，卻擁有能讓每個女人體驗美麗奢華的天賦。

波烈的父親經營一個不大的紡織店，波烈剛開始在一家製傘廠當學徒。他用剩下的材料替洋娃娃做衣服，頗具東方時尚。起初只是興趣，但波烈很快就徹底愛上了服裝設計。他離開製傘廠，進入著名服裝設計師杜塞[082]的工作室，學習精緻剪裁。在杜塞工作室學成後，波烈受聘於沃斯時裝屋[083]，我就是在那裡第一次見到他。此後不久他就自己創業了。

波烈是理想主義者、夢想家，同時也是個時尚暴君。他率先向緊身胸衣宣戰。「正如所有革命一樣，」他饒有興致地說，「我要以自由為名……宣告胸部和腰部自由。」隨後，

---

[081]　保羅・波烈（Paul Poiret，1879-1944），法國著名的時裝設計師，被譽為現代時裝的先驅之一。他以其創新的設計和對女性服裝的解放而聞名，尤其是在 20 世紀初的巴黎時尚界中占據了重要地位。

[082]　杜塞（Jacques Doucet，1853-1929），法國著名的時裝設計師和藝術收藏家。他被認為是 20 世紀初巴黎時尚界的重要人物之一，以其優雅的服裝設計和對藝術的熱愛而聞名。

[083]　沃斯時裝屋（House of Worth），由英國時裝設計師查理斯・弗雷德里克・沃斯（Charles Frederick Worth）於 1858 年在巴黎創立的高級時裝品牌，被廣泛認為是現代高級定製時裝的奠基者之一。沃斯時裝屋在 19 世紀末和 20 世紀初的時尚界中占據了重要地位，影響了整個時尚行業的發展。

他設計了霍步裙[084]，禁錮女性的雙腿！

我討厭波烈為我設計的第一件裙子，並且直白地告訴他。他聽後勃然大怒。等我脫下裙子，他一把從我手上搶過去，然後撕成碎片。「如果妳不喜歡，」他說，「那就別穿。」但後來他逐漸理解了我的訴求，明白到底什麼款式更適合我（我身高只有 4 英尺 10 英寸，如果穿上霍步裙，看上去簡直就是個笑話）。此後，他為我設計了不少非常漂亮的衣服。

每次到巴黎我都會專程去拜訪波烈，不僅為了看看他的新品，也想到他漂亮的家中轉轉，順便聽聽他關於周圍人和事的坦率觀點。日光和新鮮空氣對他來說毫無意義。他深受亞洲藝術薰陶，房間內隨處可見中國屏風、洛可可式家具和威尼斯風格的鏡子。室內燈火通明，他只有到了晚上才變得精神煥發。

說實話，他家充滿異域風情。波烈喜歡在家中見朋友（至少見那些敢來的朋友）。波烈在門廳豢養了多隻黑豹，每隻黑豹都由一個身高 6 英尺、赤裸上身的黑人牽著。馴豹人頭上戴著鑲有珠寶的頭巾，赤裸的軀幹塗了油，閃閃發光，像是一尊尊雕像。

愛德華和我剛回到倫敦，波烈為我設計的新服裝就立即引起**轟動**。從事美容業的女人，必須擁有滿滿一櫃引人注

---

[084]　即 hobble skirt。

第 3 章 逐夢英倫—事業的躍升

目、令人興奮的漂亮衣服才行。但我當時想要的可不僅如此。我要在巴黎開美容沙龍。我對法國的嚮往和幻想,在某種程度上,跟當年在墨爾本時對英國的感覺如出一轍。從前的躁動再次湧上心頭。

然而,1909 年春天,我發現自己懷孕了。我從未想過當媽媽,也許因為我一直太忙了。但懷孕的確讓我非常激動。愛德華也高興壞了,他小心翼翼地呵護我。我感覺自己充滿活力、精神抖擻。我從來沒有如此精力充沛。

格拉夫頓大街美容沙龍樓上的房子不再適合居住了。孩子即將出生,我們開始在美容沙龍外找房子安家。我希望房子能有花園,我們詢問了市郊的房子。在倫敦市郊普特尼希斯[085]附近的洛翰普頓巷[086],我們找到一棟寬敞舒適的房子。這棟維多利亞風格建築有個神祕的名字 —— 索爾納[087]。房子周圍是私人公園,此前屬於美國銀行家約翰·皮爾龐特·摩根[088]。

此時我腦海裡已經想好了各種裝修和「改造」計畫。這是

---

[085]　普特尼希斯(Putney Heath),位於英國倫敦的一片開放綠地,位於普特尼(Putney)和沃爾瑟姆(Wandsworth)之間。靠近泰晤士河,周圍環境優美,綠樹成蔭。普特尼希思不僅是一個自然景觀,還承載著豐富的文化活動。當地社區經常舉辦各種活動,如戶外音樂會、藝術展覽和節日慶典,每年都吸引了大量遊客和居民參與。
[086]　即 Roehampton Lane。
[087]　即 Solna。
[088]　約翰·皮爾龐特·摩根(J. Pierpont Morgan,1873-1913),美國金融家和投資銀行家,在整個鍍金時代主導著華爾街的企業融資。身為 J·P·摩根公司的領導者,他是跨越 19 世紀末和 20 世紀初美國工業整合浪潮的推動者。

上篇　我的人生

我有生以來第一次為家庭做規劃,而不是事業。

這棟房子共有 20 個房間,還有 3 個閒置的維多利亞式陽光房。愛德華和我都不想在陽光房裡養花種菜,因此如何改造 3 個陽光房成為討論重點。愛德華提議將其改造成客廳,我接受了這個建議。

每個房間的裝修風格都不同,進入每個房間如同在全世界最富創造力的時代裡徜徉。中式齊本德爾風格[089]房間旁邊是路易十三風格[090],緊接著是羅馬帝國風格……我還設計了航海主題兒童房,房間內有船艙擺件和舷窗。我篤定第一個孩子是男孩。另有一間寬敞的房間改成愛德華的書房,還有一間改成傳統的撞球室。

俄羅斯芭蕾舞團奢華張揚的配色一直影響我。我設計的新家配色鮮明、活力四射。即便愛德華一開始覺得有些顏色顯得畫蛇添足。他抱怨紫金搭配讓他頭暈目眩。相比之下,他的書房和撞球室更顯沉穩、平和,讓人覺得舒緩放鬆。

整棟房子中最成功的改造是陽光房。根據愛德華的建

---

[089]　中式齊本德爾風格(Chinese Chippendale),18 世紀的室內設計風格,由英國家具設計師湯瑪斯‧齊本德爾(Thomas Chippendale)於 1754 年首次提出,該風格受到中國藝術和設計的影響,特別是在英國喬治時代(Georgian era)期間。這種風格以其精緻的細節、優雅的線條和豐富的裝飾而聞名,形成獨特的中西合璧的設計典範。

[090]　路易十三風格(Louis XIII),指法國路易十三統治時期(1610-1643)所特有的藝術和建築風格。該風格是文藝復興風格的延續,同時也為後來的巴洛克風格奠定了基礎。路易十三風格在家具、室內裝飾、建築和藝術等多個領域都有顯著表現。在室內裝飾上常用織物、壁紙和油畫,色彩通常較為沉穩,常見的顏色有深紅、金色和深綠色。

第 3 章　逐夢英倫—事業的躍升

議，我們將其改造為客廳。其中一個愛德華稱之為「謝赫拉莎德廳」[091]。客廳中央建一處噴泉，地板上放幾個坐墊，沿牆擺放寬敞舒適的沙發，周圍種滿正值花期的綠色植物。朋友們非常喜歡這個室內花園。冬季裡，我們能充分利用每一抹陽光；而到了夏季，甜瓜色百葉窗遮擋烈日，這裡會變得清爽怡人。

這段時間，愛德華已經從創作轉向圖書出版。家裡經常有客人，不少都是新面孔。雕塑家雅各布·愛潑斯坦[092]就是我們的常客。他最早介紹的非洲雕塑讓我著迷。在他的指導下，我成了一個狂熱的收藏家。每次我動身去巴黎前，他都會給我一份巴黎即將拍賣的非洲藏品清單，並且註明最有價值的藏品，這樣我就知道到時候該拍什麼。而我卻經常超出他的清單，購入更多藏品。當時價格不高，而且藏品種類也不少。

隨著我的藏品越來越多，有朋友開始關注我的收藏。「太奇怪了」，他們說：「沒想到一個畢生追求美的人，竟然買這麼難看的東西。」幾年後，隨著胡安·格里斯[093]、畢卡

---

[091]　即 Scheherazade Room。
[092]　雅各布·愛潑斯坦（Jacob Epstein，1880-1959），英國雕塑家，以其獨特的風格和對人類形態的深刻理解而聞名。他的作品涵蓋了多種材料，包括石頭、青銅和木材，常常表現出強烈的情感和生動的細節。愛潑斯坦被認為是 20 世紀最重要的雕塑家之一，對現代雕塑的發展產生了深遠的影響。
[093]　胡安·格里斯（Juan Gris，1887-1927），西班牙著名的立體主義畫家和雕塑家，以其獨特的風格和對色彩的敏感運用而聞名。格里斯的作品融合了立體主義的幾何形式與鮮豔的色彩，展現出他對構圖和形式的深刻理解。他

索[094]、莫迪利亞尼[095]等人的作品開始在全世界得到認可,這些非洲原始雕塑,作為上述畫家的靈感泉源,其獨特的藝術價值才逐漸被世人發現。雅各布·愛潑斯坦當初的建議太明智啦!我一向推崇特立獨行。有雅各布的專業建議,加上我的「慧眼識珠」,那些購入藏品自然是一流的。

	被認為是 20 世紀初現代藝術的重要人物之一。
[094]	畢卡索(Pablo Ruiz Picasso,1881-1973),西班牙著名的藝術家、畫家、雕塑家、版畫家、舞臺設計師、作家,與喬治·布拉克同為立體主義的創始者,是 20 世紀現代藝術的主要代表人物之一
[095]	莫迪利亞尼(Amedeo Modigliani,1884-1920),義大利藝術家、畫家和雕塑家,為表現主義畫派的代表藝術家之一。

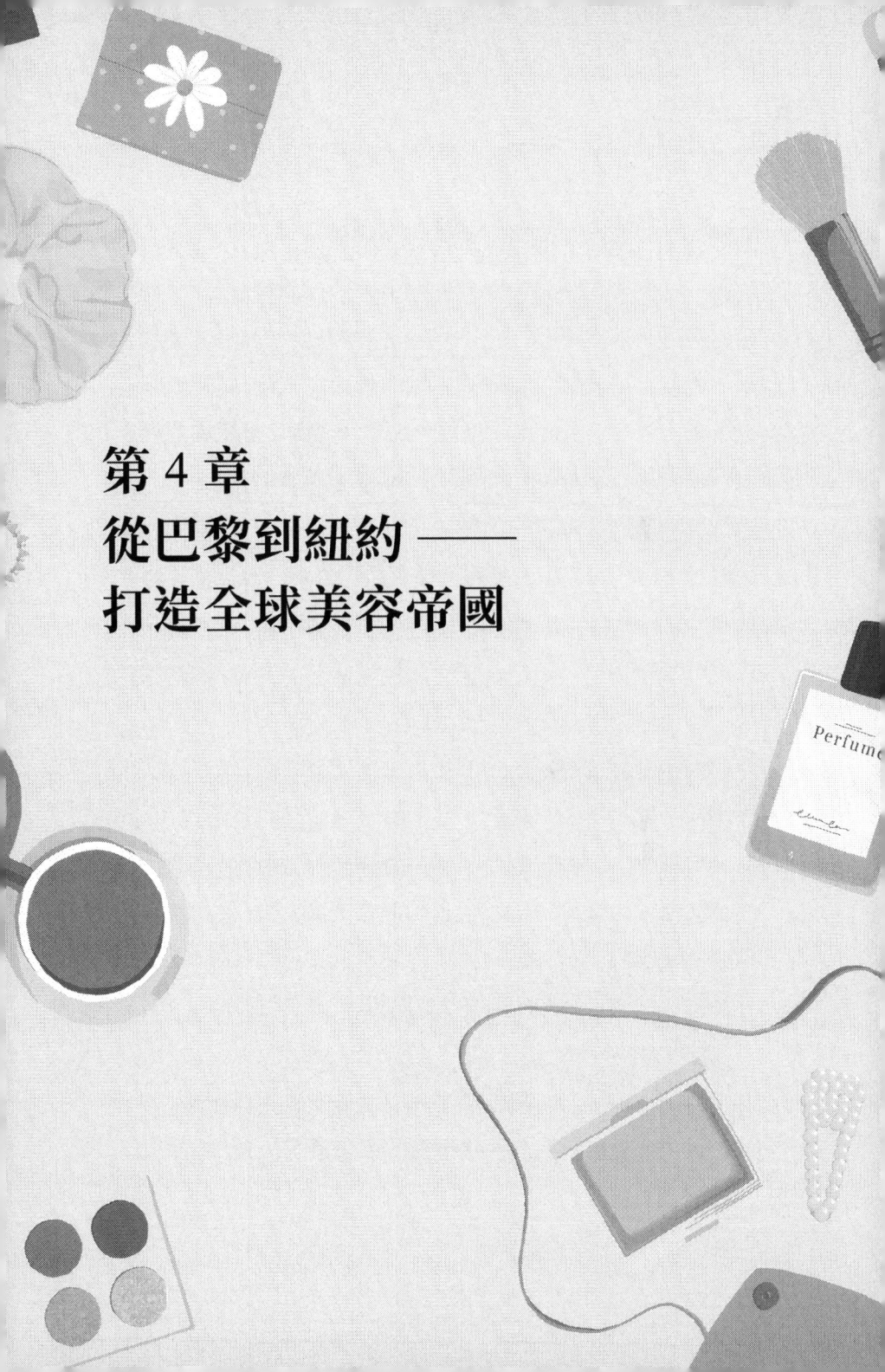

第 4 章
從巴黎到紐約 ——
打造全球美容帝國

如今,我已達成了在英國安家的夙願,而且索爾納的生活也一切順利。於是,在巴黎開美容沙龍的想法再次縈繞心頭。我在等待第一個孩子出生,但懷孕並不耽誤我規劃未來,也沒打亂我的日常安排。我的身體完全沒問題,甚至從未感覺像現在這麼好;愛德華也鼓勵我去做自己想做的事。

七妹曼卡來倫敦跟我會合。她精力充沛、有能力、有魅力,有她協助非常重要。她天生就適合當經理,還是個熱心的老師。格拉夫頓街的美容沙龍交由她負責,我完全放心。

如今,許多法國客戶已經不滿足於寫信給身在倫敦的我尋求諮詢和幫助。她們希望在購買護膚品的同時得到專屬服務,這也是赫蓮娜品牌的核心業務。

為此,我特意在一次巴黎行中拜訪貝特洛博士。我倆亦師亦友,見面後除了聊點八卦,我還向他請教皮膚學的最新進展。貝特洛博士也敦促我在巴黎開美容沙龍。「赫蓮娜,法國女人注重實用」他說,「但她們也崇尚奢華。妳能同時滿足這兩個要求。一來妳的科學方法非常實用;另外,妳的產品和美容沙龍的環境也能滿足她們對奢華的渴望。」

貝特洛醫生還為我引薦了一位俄國美容師 —— 尚巴倫夫人[096]。她的丈夫遠不如愛德華善解人意,明確告訴尚巴倫夫人必須在事業和婚姻間做出選擇。尚巴倫夫人選擇了後者,

---

[096]　即 Madame Chambaron。

第 4 章　從巴黎到紐約—打造全球美容帝國

決定放棄自己的事業。這正合我意。我們很快就具體細節達成一致，簽署了相關文件。在兒子羅伊出生前，我就擁有了一系列優質中草藥護膚品的所有權，並且成為聖奧諾雷[097]美容沙龍的老闆。

我需要另一個妹妹來幫我。於是我寫信給克拉科夫老家，請波琳幫忙打理巴黎的新店，我回到索爾納等待孩子出生。澳洲分店在賽思卡的經營下井然有序，曼卡的倫敦分店也一切順利。再有波琳幫我打理法國巴黎的新店，我就能放心回家待產。又一個目標實現了，我非常開心。

三個月後，羅伊出生了。一切順利。但我第一次抱起羅伊時，他滿臉通紅、皮膚皺褶。我想為什麼人剛出生時看起來又老又醜？當然沒過幾天，我就覺得羅伊是世界上最漂亮的孩子。

愛德華和我為這個孩子的誕生感到非常高興。現在我們該有的都有了。從 1909 年羅伊出生，隨後 1912 年第二個兒子賀瑞斯出生，再到此後的一年多，我待在家的時間要比之後數年相加的總數還要多。在索爾納的時光幸福、恬靜，每次回想起來，心中滿滿都是懷念。漂亮舒適的維多利亞式房屋，和兩個孩子品嘗點心，與愛德華和朋友們共度歡樂的夜晚——一切都讓人無比懷念那段時光。

---

[097]　即 St. Honoré。

上篇　我的人生

如果說美容事業在我心裡永遠排第一位,那這幾年肯定是例外。儘管這些年看孩子們茁壯成長非常開心,享受每一刻逝去時光,但內心仍然會時不時地想自己錯過了什麼。難道我已經習慣於整天為事業奔波忙碌,無法像眾多女性一樣,享受家庭生活的快樂嗎?我為自己的忙碌不停感到自責。即便如此,當小兒子賀瑞斯滿兩歲,不需要我再整天陪他的時候,我建議愛德華搬去巴黎。我還沒有達成在巴黎開美容沙龍的夙願,為此我一直耿耿於懷。多虧愛德華是個天生的「世界公民」,或者說我倆都有點像吉普賽人。愛德華接受了我的提議。不久後,他就在蒙帕納斯[098]物色了一棟公寓,這是我們在巴黎的第一個家。

全家人剛安頓下來,我立刻沉浸在打開法國業務的興奮中,開始享受巴黎生活。

幸運的是,我們剛搬到巴黎就遇到一位了不起的女性朋友,為我指點迷津。我從一位波蘭朋友那裡聽說過米西亞‧內桑森[099],我主動去拜訪她。我倆對藝術的共識成為彼此間

---

[098]　蒙帕納斯(Montparnasse),法國巴黎的一個著名地區,位於巴黎的第14區,以其豐富的歷史、文化和藝術氛圍而聞名。這個地區在20世紀初至中期,成為了許多藝術家、作家和知識份子的聚集地,尤其是在第一次世界大戰後,吸引了大量的外國藝術家和移民。

[099]　米西亞‧內桑森(Misia Nathanson,1872-1950),波蘭裔法國藝術家、畫家、鋼琴家和社交名媛。她以其在藝術界的影響力而聞名。其藝術作品通常展現出豐富的色彩和獨特的風格,受到立體主義和其他現代藝術流派的影響。此外,米西亞還以其在藝術和文化活動中的積極參與而著稱,常常舉辦和贊助藝術展覽和社交活動。

的橋梁,就連我們的丈夫也成了朋友。幾年後,她嫁給畫家喬塞普・瑪利亞・塞特[100]。當時米西亞身為諸多藝術家和作家贊助人,已經小有名氣。她盛情宴請,希望自己的藝術家朋友能在宴會上遇到未來的贊助人。

有一次我去拜訪米西亞,她向我展示了波納爾[101]剛為她創作的畫像:米西亞端坐在灑滿陽光的客廳。我對這幅畫大加讚賞。之後,我倆一杯接一杯喝著俄國茶,邊喝邊聊。她突然說:「赫蓮娜,妳在巴黎應該舉辦宴會。這不光有助於提高法語能力,還能幫妳維繫客戶。」她補充說:「我經常週二請客,妳應該選週日,而且要經常請。這樣妳才能成為一個合格的女主人。」

我感覺自己對巴黎生活不太了解,不知道如何應對如此複雜的事。但米西亞為我安排好一切,包括幫我列出第一次宴請的名單。

首個週日當天,所有受邀的客人都到了。但我卻鬱悶地四處遊蕩,那晚宴請無疑是失敗的。到場的男士們幾乎跟女士沒有交流,只是在房間一邊靜靜端詳,沒完沒了地詢問一

---

[100] 喬塞普・瑪利亞・塞特(Josep Maria Sert,1874-1945),西班牙畫家,以其大型壁畫和裝飾藝術作品而聞名。他是 20 世紀初期最重要的西班牙藝術家之一,尤其以其在現代主義和裝飾藝術方面的貢獻而受到讚譽。

[101] 波納爾(Pierre Bonnard,1867-1947),法國畫家和版畫家,也是後印象派與納比派創始成員之一。波納爾常使用素描當作參考,特點是夢境。他被形容為「二十世紀最偉大的異質畫家」,而其作品較少使用傳統圖案結構模式,充滿妖嬈的色彩、詩意的典故和視覺。

些關於到場女士的問題。在我看來,那些問題都不合時宜。到了下個週日,來的還是相同客人。這讓我感到很意外。但米西亞告訴我,在巴黎宴請,女主人要做的就是準備充足的美食美酒,還有足夠多的美女讓客人品頭論足。在我看來,這樣安排簡直太奇怪了!

美容沙龍的客戶代表了當時巴黎的社交圈。翻閱客戶名單像是看一本時尚雜誌。貴族階層領袖、演員和藝術家都是我的忠實客戶。我對生活非常滿意,也為成功的喜悅和前景光明的未來感到幸福,但我仍沒有停止創新。

我曾經聽說過瑞典式按摩,但一直沒時間親身體驗,或者說沒有耐心。但既然那些悠閒的巴黎貴婦能接受,相信瑞典式按摩一定有特殊功效。這個想法始終藏在心中,直到我遇到一位了不起的瑞典女按摩師 —— 蒂拉[102]。我當即決定聘請蒂拉,儘管內心對於法國女性能否接受按摩尚存疑惑。萬一她們對按摩這件事持保守態度怎麼辦?

如今享譽法國文壇的女作家 —— 柯萊特夫人[103],曾無意間幫我推廣按摩。早有傳言說,法國當時最負盛名的作家「威利」[104],其實是柯萊特夫人。據說柯萊特的丈夫 —— 威

---

[102] 即 Tilla。

[103] 柯萊特夫人(Madame Colette,1873-1954),法國 20 世紀上半葉的作家、默劇演員和記者,於 1948 年獲得諾貝爾文學獎提名。她的大部分作品都是關於愛情的小說。最著名的作品是《吉吉》,被改編成電影《金粉世界》和舞臺劇。

[104] 即 Willy。

第4章　從巴黎到紐約—打造全球美容帝國

利先生只不過是個二流作家。但他將柯萊特關在房間裡，逼妻子創作，然後對外宣稱是他的作品。柯萊特夫人不受世俗的約束，趁丈夫外出之際，到美容沙龍按摩，以此作為一種逃避和放鬆。

首次體驗完按摩後，柯萊特夫人離開前把我拉到一旁，用沙啞的嗓音小聲跟我說：「我從來沒感覺如此舒服！我現在已準備好迎接一切，包括我的丈夫！」她的聲音辨識度很高，當時美容沙龍裡的人都聽到了。沒多久，她對按摩的評價就傳遍整個巴黎。從此，預約蒂拉按摩服務的客人絡繹不絕！

現在，我終於能在巴黎立足了。我不僅有漂亮的法國服裝、好友成群、溫馨的家，還在事業上取得了成功……但我仍不滿足。我開始沉迷於新的愛好——收藏。我的收藏五花八門，那段時間我又開始收藏畫作，尤其是畢卡索、胡安·格里斯、布拉克[105]等人的抽象派作品。愛德華則全身心投入文學作品，樂此不疲。隨後，1914年8月，戰爭爆發。

大批優秀的年輕人鬥志昂揚地奔赴凡爾登；想到幾個月以後，我將要面對喪子的母親和喪夫的妻子，此時此刻，我心如刀絞。

---

[105]　布拉克（Georges Braque，1882-1963），法國立體主義畫家與雕塑家。他與畢卡索在20世紀初所創立的立體主義運動，深深影響了後來美術史的發展，「立體主義」一名也由其作品而來。

我們在巴黎一直住到 1915 年初。愛德華是美國公民,他勸我為了孩子一定要回美國,因為兩個孩子也有美國國籍。但離開歐洲就意味著我要放棄多年苦心經營的一切,然後在一個陌生的國度重新開始。我一向樂觀堅定,但這次不比以往。我無法確定到了美國會不會遇到比之前更好的機會。在這個全新世界,我能不能實現發展美容事業的夢想?儘管一路有愛德華和兩個孩子陪在身邊,但我仍無法掩飾內心的惆悵。船上擠滿了人,海面波濤洶湧,加上敵軍潛艇的不斷威脅,我更加焦躁不安。

我放棄了所有,包括有關奮鬥和成功的回憶、我的家、我的事業還有朋友。但最讓我放心不下的還是身在波蘭的父母。如今我們之間相隔了半個歐洲大陸,還有汪洋大海。從戰爭爆發,我一直沒有他們的消息。我嘗試了所有辦法,最終還是無法聯繫上父母。

G.K. 切斯特頓[106]曾說過,大多數美國人「生來就是醉漢——他們經常沉醉於一種源自內心的無形香檳。」這種無形的香檳確實存在,瀰散在美國的空氣裡。我剛踏上這片土地,美國那瀰漫著青春和希望的氛圍,不斷地鼓舞我。自己好像從之前凡事都講傳統的世界,進入了一個擺脫歷史束縛的新世界。這裡只看重現在和未來。

---

[106] G.K. 切斯特頓(G. K. Chesterton,1874-1936),英國作家、文學評論者。熱愛推理小說,所創造最著名的角色是「布朗神父」,首開以犯罪心理學方式推理案情之先河。

第 4 章　從巴黎到紐約—打造全球美容帝國

經過令人提心吊膽的航行後，我們最終在 1915 年 1 月的一個寒日抵達紐約。最先引起我注意的是女性蒼白的臉色和奇怪的灰色嘴唇。只有她們被凍得發紫的鼻子看起來很挺拔。

插畫師查爾斯・達納・吉布森[107]筆下的《吉布森女郎》，代表了美國人對禮儀和美貌的理解。她舉止端莊，是大多數美國男性心中高冷的夢中情人。只有那些「思想開放」的女人才化妝，而「好女孩」只在鼻子上撲些定妝粉。她們堅信上帝能讓她們變美。

我跟自己說，對於我的美容產品來說，這個新國家是潛在的巨大市場。但我並沒有向愛德華透露這個想法。當務之急，我們必須先在這裡安家，替兩個孩子物色學校。然後整理好千頭萬緒，展開全新生活。

愛德華在康乃狄克州格林威治鎮找了一棟非常適合我們的房子。看房子那天風和日麗。我們驅車沿著哈德遜河[108]向北至韋斯特切斯特[109]，路旁矗立著成排的金色連翹。周圍春景迷人。我們駕車沿印第安追逐大道[110]行駛，還沒看到房子，我就為周圍的風景愛屋及烏了。這棟建築在風格上並沒

---

[107]　查理斯・達納・吉布森（Charles Dana Gibson，1867-1944），美國插畫家和畫家，以其創作的「吉布森女孩」形象而聞名。吉布森女孩是 20 世紀初美國社會中理想化的女性形象，代表了當時女性的獨立、優雅和魅力。
[108]　即 Hudson River。
[109]　即 Westchester。
[110]　即 Indian Chase Road。

有特別之處,屬於 1910 年前後的都鐸王朝建築風格。但我所見過的鄉下別墅很少能如此舒適、溫馨,而且庭院也盡顯精緻花園設計的魅力。從此,這將成為我們在美國的家。這裡光照充足,陽光流瀉過每個房間,在樹蔭下的草坪形成點點斑駁,對映在孩子們兒時划船的湖面上。距離羅伊和賀瑞斯學習游泳的長島海灣沙灘只有 10 分鐘路程。在心曠神怡的環境中,兩個孩子很快就適應了美國的生活。

此後一年內,我們忙著設計、調整和裝修房子,但我從未放棄在美國開闢全新市場的夢想。一年後,我在美國的第一家美容沙龍正式營業,位置選在紐約西 49 街的一棟褐砂石建築。

美容沙龍的室內牆面覆蓋深藍色天鵝絨,搭配玫瑰色踢腳線;家具擺設選用天藍色絲綢,房間擺放著波蘭雕塑家埃利·納德爾曼[111]的作品。顧客對富麗堂皇的環境非常滿意,記者們也紛紛用激動人心的文章報導這家新美容沙龍及其絢麗奪目的裝潢。這種宣傳效果,無論投入多少報紙廣告恐怕都難以達到。

毋庸置疑,美容業主要源自舞臺表演和展現女性魅力,至少表面上如此。我承認自己率先發現了這些核心要素。但

---

[111] 埃利·納德爾曼(Elie Nadelman,1882-1946),波蘭裔美國雕塑家和畫家,以其獨特的風格和對現代藝術的貢獻而聞名。其作品融合了古典雕塑的傳統與現代藝術的創新,尤其是在形式和表現手法上。

第 4 章　從巴黎到紐約—打造全球美容帝國

我認為，女性更喜歡一點點神祕和含蓄的美——男人又何嘗不是呢？

簡直難以想像，半個世紀前的美國男性對清教主義奉若神明，女性也非常質樸。整個國家都在努力爭取社會聲望，為了抹去那段聒噪、喧囂還有開拓時期的過往。比如塗口紅這件事。多年以來，女性塗口紅一直被看作道德問題。後來女性發現可以偷偷用腮紅在嘴唇上塗一抹顏色，於是腮紅流行。隨著美國參戰，清教主義和維多利亞主義土崩瓦解。從歐洲戰場回來的美國大兵帶回了解放女性的新思想。

我一生曾多次被莫名其妙的巧合左右，但任何一次都不如這次荒誕離奇——我來美國從頭到尾都是意料之外，卻機緣巧合地在最恰當的時機來到了這片充滿機遇的土地。

我開始打廣告，一開始小心謹慎，確保所有關於產品的內容都有科學依據。早年的廣告，儘管現在看來有點古板老套，但我仍奉為圭臬。早期一則提醒女性保護皮膚、避免被夏日灼傷的廣告這樣寫道：

雀斑和晒傷完全可以預防。赫蓮娜・魯賓斯坦承諾幫助皮膚敏感的女性擺脫日晒煩惱。

接下來還有一段話：

赫蓮娜出品，值得信賴。身為美容業權威，赫蓮娜・魯賓斯坦夫人的產業地位及其企業文化已得到廣泛認可。魯賓

斯坦夫人在倫敦和巴黎創辦的美容沙龍，如「瓦來茲美容中心」擁有大量客戶，其中不乏諸多知名佳麗和歐洲宮廷貴婦。

後面的科學原理內容如下：

眾所周知，太陽光由不同光線組成，其中就包括藍光和紫外線，攝影愛好者稱之為「光化性射線」。這些射線能在感光片上成像，同時也會導致雀斑，造成臉部、手部和手臂產生色素沉澱。就像沖洗膠捲一樣，如果能夠躲開這些光線，就能讓皮膚保持美白、防止晒黑。

我很好奇這則廣告如果放到現在，會收到什麼效果？當下的廣告代理，無論歐洲還是美國，都不會呈交給我這樣一份廣告。但毫無疑問當時這則廣告效果不錯。因為沒過多久，作為紐約唯一一家美容沙龍，已經無法滿足美國客戶的海量需求。

於是我想到了曼卡，非常希望她能過來幫我。我倆兒時就關係親密，相互理解。我需要她。於是我寫信給正在倫敦的曼卡，問她願不願意來美國幫我。曼卡在回信中答應2個月後來美國，我有點迫不及待了。

當時正值戰時，美國女性肩負著全新使命，自我意識也越發強烈。我和曼卡做出大膽計畫。儘管我倆都是外地人，但面對困難我們好像從未畏懼。到1917年，我們已在舊金山、波士頓和費城多地創辦魯賓斯坦美容沙龍。與此同時，

我還忙著在其他城市物色店面。沒過多久，我們又在華盛頓、芝加哥和多倫多開了分店。

很快我們又遇到了新問題：有百貨公司要求設立赫蓮娜產品銷售專櫃。一開始，我的確有顧慮。美容沙龍的銷售人員都經過有系統地培訓，對產品瞭如指掌，能夠為顧客提供專業建議，確保顧客買到適合自己的產品。但如果大規模銷售，那些不合格的銷售人員將會損害魯賓斯坦的聲譽，讓顧客失望。但隨著百貨公司的呼聲日益升高，我們不能視而不見。

前期，我們只接受知名公司的大額訂單，確保產品的獨家銷售權。接到訂單後，無論這家公司在哪裡，我都要過去（通常和曼卡一起），親自培訓銷售人員如何介紹、推薦和銷售產品。我也說不清自己為什麼一定要親力親為。

第一家合作的百貨公司是舊金山著名的「巴黎城」[112]。正當我們準備發貨給巴黎城之際，多家百貨公司的訂單也紛沓而至。既然我承諾過要親自培訓銷售人員，為了信守諾言，我展開了全美之旅。每到一個銷售專櫃，我和曼卡一邊培訓銷售團隊，一邊為當地顧客提供一對一諮詢服務。

雖然美國女性逐漸接受化妝品，但仍有不少人認為，皮膚保養只需要一瓶乳霜就夠了。晚上，我們培訓助理如何成

---

[112] 「巴黎城」（The City of Paris），1850-1976年間美國三藩市著名的百貨商廈。

為美容顧問和講師，幫她們了解產品功效，指導她們如何使用。透過這些學員，將相關知識傳授給她們的助理和客戶。我和曼卡每天要忙碌18個小時，要麼在城市間輾轉，要麼就在培訓。就像巡迴演出的演員，我倆整日拖著行李箱四處奔波。但因為始終處於亢奮狀態，我倆從未感到疲憊。

曼卡和我特意穿上我們從巴黎帶來的服裝。因為我們很清楚，很多女性到場，就是為了看我倆的穿搭。我們沒讓她們失望。在喬丹・馬什百貨公司[113]露面後，一向以保守著稱的波士頓在次日晨報中這樣寫道：「魯賓斯坦夫人身著番茄色連身裙，佩戴八股黑珍珠項鍊，她關於皮膚保養和正式場合妝容的講座令在場800名女性欣喜若狂。」

說來奇怪，我生在波蘭，後來在歐洲長大，這反而帶給我意想不到的魅力。我猜想，自己的口音和穿搭應該比講座內容更吸引人。聽眾們蜂擁而至，認真聆聽，然後購買產品。無論聽眾出於何種原因參加活動，我們都傾囊相授。更重要的是，這次活動提升了赫蓮娜品牌的知名度。

這種銷售模式此後被曼卡延用多年，至今仍然是瑪拉・魯賓斯坦（我姪女）策劃巡展活動的核心環節。每隔一段時間，瑪拉就會派出資深美容顧問，到每家銷售魯賓斯坦美容

---

[113] 喬丹・馬什百貨公司（Jordan Marsh），一家歷史悠久的美國百貨公司，成立於1851年，總部位於麻塞諸塞州波士頓。它最初是一家以銷售乾貨和食品為主的小商店，後來逐漸發展成為一家大型百貨商店，提供各種商品，包括服飾、家居用品、化妝品和玩具等。

第 4 章　從巴黎到紐約—打造全球美容帝國

產品的百貨商店展示我們的最新產品。每個銷售專櫃都配有經驗豐富的諮詢顧問，教顧客如何使用不同化妝品，並根據顧客膚質提供個性化諮詢。目前市面上已有超過 500 種不同的魯賓斯坦產品，所以這種服務必不可少。

美國的生意蒸蒸日上。當時，許多戲劇演員和無聲電影影星因引領美容潮流而登上新聞頭版。

我們為「無聲銀幕女妖」蒂達・巴拉[114]設計了享譽全球的「妖婦」造型。狂熱的粉絲模仿她的髮型、衣著和言談舉止。她眼睛美得不可方物，但囿於當時的攝影技術，無法完全呈現在螢幕上。於是她找到我，希望透過化妝突顯雙眼。

美國人當時對眼妝一無所知，即便在法國，也只有少數舞臺演員使用睫毛膏，而且效果不佳。但憑藉對戲劇的一腔熱忱和永不滿足的好奇心，我潛心研究了數位法國女演員的美容祕訣。此外，我還嘗試使用眼影粉（眼妝最初起源於古埃及，埃及豔后克麗奧佩脫拉七世[115]就曾用過）。我為蒂達・巴拉研發一款睫毛膏，讓她迷人的雙眼成為整個臉部的焦點。我還在她眼瞼上增加一抹顏色。效果遠遠超出預期。所有報紙和雜誌都報導了這條轟動性新聞，熱度與當初報導蒂

---

[114]　蒂達・巴拉（Theda Bara，1885-1955），美國無聲電影和舞臺演員。巴拉是默片時代最受歡迎的女演員之一，也是電影界早期的性感象徵之一。她扮演的蛇蠍美人角色為她贏得了「吸血鬼」的綽號。

[115]　克麗奧佩脫拉七世（Cleopatra，西元前 69- 西元前 30），希臘化時代埃及托勒密王國末代女王。也是歷史上最著名的女性之一。她以其智慧、政治手腕和與羅馬領導人的關係而聞名。

達‧巴拉首次塗腳指甲相差無幾。

美國待我不薄。兩個孩子在寄宿學校過得很開心,美國的員工也都訓練有素。最重要的是,戰爭終於結束了。突然間,我內心萌生了想回歐洲看看的強烈想法。1918年11月《停戰協定》剛剛簽訂,愛德華和我就開始計劃回巴黎。我倆壓根沒考慮行期長短。朋友、事業、家人……,當初走得太突然,這一切都在召喚我們回去。

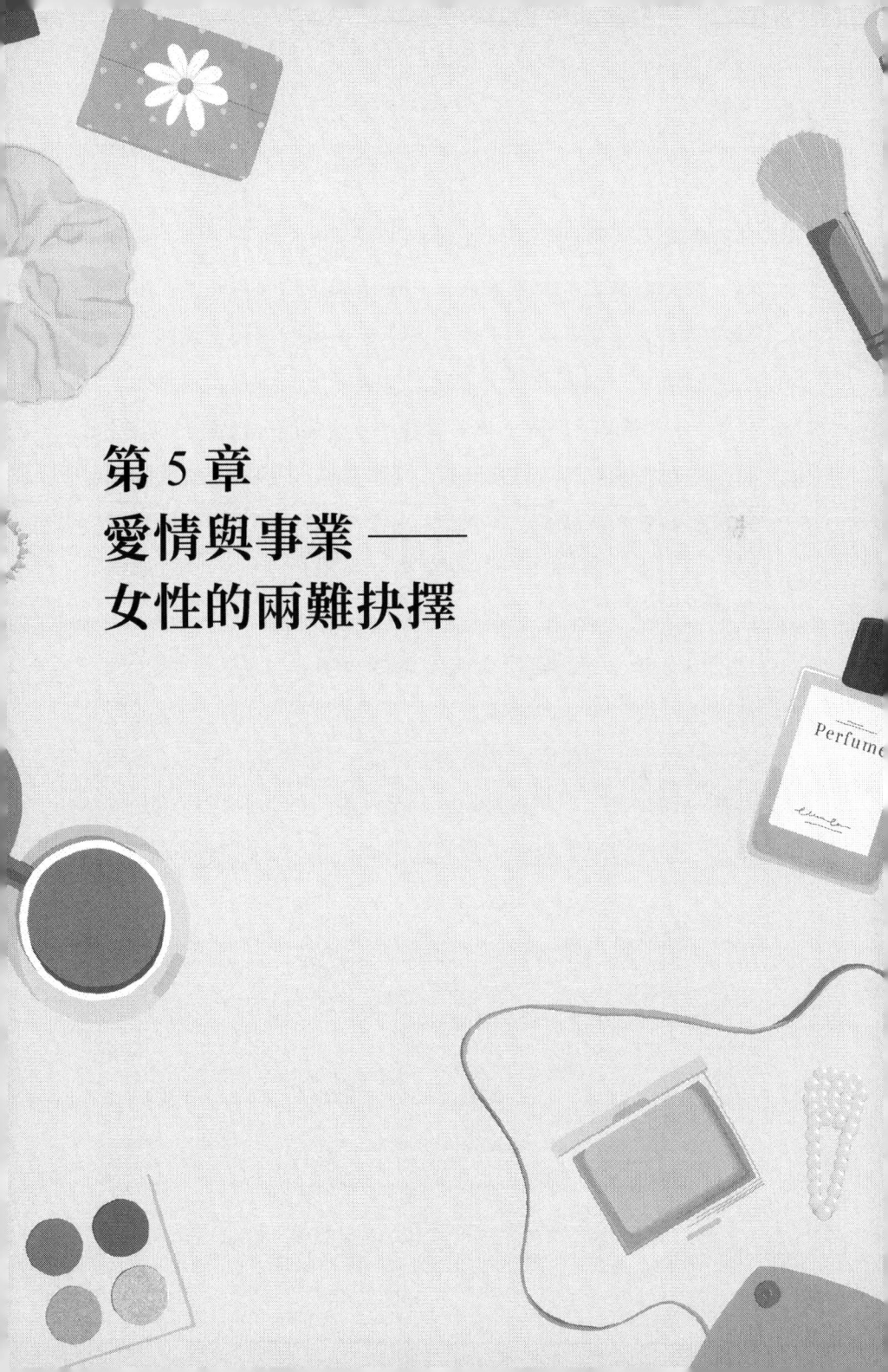

第 5 章
愛情與事業──
女性的兩難抉擇

當再次登上開往法國的郵輪，享受多年來首次真正的假期，我和愛德華都非常開心。我倆有說有笑，玩橋牌，把工作通通拋之腦後。有一天，我隨手從身邊的躺椅上拿起一張法國報紙。一則廣告吸引了我的注意，上面說聖奧諾雷市郊路[116]有一棟老房子要出售。儘管我正在橫渡大西洋，但我立刻發電報詢問詳情，並於傍晚果斷地買下了這棟五層大樓。負責法國業務的波琳，經常寫信跟我抱怨目前美容沙龍的空間太小。既然戰爭馬上就要結束，我想是時候拓展法國業務了。

1918 年，隨著戰爭緊張局勢的緩解，倫敦和巴黎也到處洋溢著歡聲笑語。兩座城市的人們都在近乎瘋狂地享受生活。夜總會裡的舞蹈已經狂熱到極點，年輕迷人的「艾琳和弗農·卡斯特」[117]風靡歐洲。每個人都跳探戈、二步和狐步舞。但我無法接受這樣眾聲喧譁的歡樂氣氛，或許因為工作已經成為了我的生活常態。

重返巴黎，愛德華十分高興，他很快就投入到新的文學

---

[116]　聖奧諾雷市郊路 (Rue du Faubourg Saint-Honoré)，是法國巴黎的一條街道。相比香榭麗舍大道較為狹窄，但仍被視為世界上最時尚的街道之一，更集中了眾多高端藝術畫廊和拍賣行。如同附近的蒙田大街，這裡幾乎整條路都是高級時裝店。

[117]　「愛琳和弗農·卡斯特」(Vernon and Irene Castle)，一對著名的美國舞蹈家和表演藝術家，他們在 20 世紀初的舞蹈和娛樂界中享有盛譽。他們的舞蹈風格以搖擺舞、熊皮舞和火雞舞等節奏音樂為基礎，使這些舞蹈更受歡迎，並創造了如卡斯爾步和猶豫華爾滋等流行舞蹈。他們的舞蹈風格被稱為「卡斯特」，並幫助普及了狐步舞、猶豫華爾滋、麥西舞和探戈。

第 5 章　愛情與事業—女性的兩難抉擇

創作中。我則打算把聖奧諾雷市郊路 52 號大樓重新裝修一番，然後作為美容沙龍的新址。愛德華和我從未在巴黎擁有過真正屬於自己的家。之前，我們一直住在美容沙龍樓上，但我們不想一直這樣下去。在愛德華的提議下，我們決定在巴黎文藝中心區的腹地，左岸拉斯帕伊大道[118]216 號買下一棟公寓，並將其中一層改造為我們的家。在家我們不談生意，只享受與家人、朋友在一起的幸福時光。愛德華還建議將一樓改成私人劇場。這樣，他那些才華橫溢的年輕劇作家朋友們，就可以為志同道合的觀眾呈現自己的作品。我們言出必行。在敲定劇本和試鏡後，每部作品都用英、法、義三種語言表演。我非常喜歡這個劇場，在那裡我們度過了許多開心的夜晚。直到有一天，警察突然登門。他們說我們有些劇本口無遮攔，無論承認與否，劇作家都是藉私人舞臺抨擊政府。當局下令關閉了劇場，如今這個私人劇場已變成電影院。

這是我唯一一次觸碰到法律，而且是以「政治革命者」的身分。我始終不知道到底哪些內容冒犯了政府，但我仍然認為他們對整件事的處理有點小題大做。

我喜歡舉辦自助晚宴。藉助舉辦晚宴，我們重拾了昔日友情。跟之前一樣，不少藝術家和作家都是我們的常客。愛德華的文學事業也有了進展。在他的影響下，我開始認真收

---

[118]　即 Boulevard Raspail。

集畫作。年輕的克里斯汀・迪奧[119]讓我對精美二手家具產生了濃厚的興趣。迪奧當時經營一家不大的古董店。

20年代初,現代藝術蓬勃發展,巴黎也聚集了諸多藝術家。我最早認識的藝術家是本世紀最偉大的畫家——亨利・馬蒂斯[120]。他高冷、孤傲、不好相處。我非常欣賞他的作品。但每次我想購買他的畫作時,他總是讓我跟經紀人談。這讓我很不舒服。我向來都是直接從畫家手裡買畫。

我和愛德華喜歡坐在蒙帕納斯區[121]的多摩咖啡館[122],就在家附近。在那裡我們經常看到亞美迪歐・莫迪利亞尼,身穿破舊的天鵝絨西裝,挨桌推銷他的畫。他的作品深受非洲雕塑影響:人物面部修長,呈橢圓形,形態簡約,頸部彎曲。我很喜歡他的作品,買了幾幅畫還有一部作品集。但莫迪利亞尼少言寡語,總是沉迷飲酒。我和他交流不多,但他勉強的微笑卻表達了更豐富的情感。生活對他而言已毫無意義。沒過多久,他就英年早逝了。

很快家裡又出現了一批年輕的畫家、雕塑家和作家。戰

---

[119] 克里斯汀・迪奧(Christian Dior,1905-1957),法國時尚設計師,現代時尚之父,迪奧以簡潔大方的設計風格及超乎眾人的審美聞名於時尚界,其推崇的風格往往簡約華貴。他是「新風貌」(New Look)風格的創始人,這一風格在二戰後重新定義了女性的時尚。

[120] 亨利・馬蒂斯(Henri Matisse,1869-1954),法國畫家、雕塑家及版畫家,野獸派的創始人及主要代表人物。

[121] 即Montparnasse。

[122] 多摩咖啡館(Le Dôme Café),位於法國首都巴黎蒙帕納斯大道108號的一家餐廳,成立於1898年,也是蒙帕納斯區歷史最古老的咖啡館。

第5章 愛情與事業—女性的兩難抉擇

爭期間他們一直蟄伏,最近剛剛活躍起來。他們焦急地尋求買主,找機會展示自己的作品。馬克·夏卡爾[123]就是其中之一。年輕的馬克身材高挑,眼睛炯炯有神,頭髮蓬亂。馬克為人幽默、對生活充滿熱情,這讓他極具感染力。幾杯酒下肚,他會突然唱起俄語歌,或者用意第緒語講一些其他人都聽不懂的笑話。馬克小丑演得唯妙唯肖,還善於模仿和舞蹈。有他參加的聚會,絕不會冷場。他偶爾會與布拉克或杜菲[124]一起來,但大多是和一個叫馬庫西斯[125]的年輕波蘭畫家同時出現。我特別喜歡馬庫西斯的畫作。

愛德華和我經常見到馬庫西斯和他的妻子。馬庫西斯熱情、聰明,而且對於優秀作品獨具慧眼。他對作品要求極高。直到去世後,其作品才得到知名收藏家的認可和欣賞。我們經常和馬庫西斯穿梭於不同畫家的工作室。為了幫我提高鑑賞力,馬庫西斯經常讓我和他一起逛畫廊。「這幅畫相當不錯,買下這幅畫早晚都會升值」。他總是這麼說,但我卻並沒有聽他的。真是太可惜了!如果當初聽他的,我的藏品

---

[123] 馬克·夏卡爾(Marc Chagall,1887-1985),白俄羅斯猶太裔的俄法著名藝術家,游離於印象派、立體派、抽象表現主義等多流派間,作品形式包括繪畫、素描、彩色玻璃、舞臺布景、陶瓷等。其繪畫作品多呈現出夢幻、象徵性的手法與色彩。

[124] 杜菲(Raoul Dufy,1877-1953),法國畫家。他擅長風景和靜物畫,早期作品先後受印象派和立體派影響,終以野獸派的作品著名。其作品運用單純的線條和鮮明的色彩將物體誇張變形,追求裝飾效果。

[125] 馬庫西斯(Louis Marcoussis,1878-1941),波蘭裔法國畫家和版畫家,他在藝術界的貢獻主要體現在立體主義運動中,並以其獨特的風格和技法而聞名。

等級一定會更上一層，還會擁有一些世界頂級的現代畫作。

但我的確從畫家和畫廊買了不少畫。除了聽取專業人士建議外，我還會遵從自己的內心。當看到喜歡的作品時，我的內心會為之一振。我相信這種感覺。因此，如今我的收藏品好壞參半。但無論如何，我對這些藏品都非常滿意。即便有些畫算不上佳作，或許出自某位年輕時結識的朋友之手（其中不少人已經去世），或許承載著我對某個熟悉、熱愛之地的回憶。這些作品在我眼中，跟藏品中畢卡索、莫迪利亞尼和魯奧[126]的名畫相比，一點也不遜色。

我多年收藏的畫作，如今分散在世界各地。一部分掛在倫敦、紐約和巴黎的家中，還有一些陳列在以色列特拉維夫藝術博物館[127]的赫蓮娜藝術館。那些看走眼的畫作都被我私藏在地下室和櫥櫃。當初圖便宜買的作品，後來發現大多都看走眼了。而那些讓我怦然心動的畫作，或者為了鼓勵某位才華橫溢的藝術家而購買的畫作，往往都選對了。

關於這些藏品（畫作、雕塑、非洲藝術品和乳白玻璃瓶）的討論和評價很多。但對我來說，它們只不過是生活的一部分。我喜歡隨時看看自己的藏品。因為每件藏品都記載了一段回憶。雖然這些藝術品的投資報酬都不錯，但對於現在的

---

[126] 魯奧（Georges-Henri Rouault，1871-1958），法國畫家和版畫家，以其獨特的風格和對宗教主題的深刻探索而聞名。他是20世紀初期重要的藝術家之一，尤其與表現主義和後印象派運動有著密切的連繫。

[127] 即 Museum in Tel Aviv。

第 5 章　愛情與事業—女性的兩難抉擇

我來說（美國人稱為「晚年」），它們的情感價值要遠遠超過其投資回報。

愛德華這段時間也一直為他的個人愛好忙碌。1920 年代，他在巴黎創辦了英國文學雜誌《這一季》[128]。他還在黑模出版社[129]出版了多部優秀的著作，並以知名法語、波蘭語和義大利語翻譯家的身分享譽世界。在巴黎，愛德華因出版美國年輕作家的作品而廣為人知。同時，愛德華還是法國最早公開稱讚詹姆士·喬伊斯[130]、海明威[131]、勞倫斯[132]和卡明斯[133]的編輯。上述幾位都是愛德華的朋友。

身為狂熱的藏書迷，愛德華曾一度擁有《尤利西斯》和《查泰萊夫人的情人》的手稿。勞倫斯是他最喜歡的作家之一。1929 年，愛德華出版過巴黎版的《查泰萊夫人的情人》。

[128]　即 This Quarter。
[129]　即 Black Mannequin Press。
[130]　詹姆士·喬伊斯（James Joyce，1882-1941），愛爾蘭作家和詩人，20 世紀最重要的作家之一。代表作包括短篇小說集《都柏林人》、長篇小說《一個青年藝術家的畫像》、《尤利西斯》以及《芬尼根的守靈夜》。
[131]　海明威（Ernest Hemingway，1899-1961），美國著名的小說家和短篇小說家，以其簡潔的文風和深刻的主題而聞名。他是 20 世紀最重要的文學人物之一，曾獲得 1954 年諾貝爾文學獎。代表作有《太陽依舊升起》、《老人與海》、《戰地春夢》等。
[132]　勞倫斯（D. H. Lawrence，1885-1930），英國著名的小說家、詩人和評論家，以其對人性、愛情和社會的深刻洞察而聞名。他的作品常常探討個人與社會之間的關係，以及人類情感的複雜性。代表作有《兒子與情人》、《虹》、《戀愛中的女人》、《查泰萊夫人的情人》等。
[133]　卡明斯（E. E. Cummings，1894-1962），美國著名詩人、畫家、評論家、作家和劇作家。以其獨特的詩歌風格和創新的語言使用而聞名。其作品常常挑戰傳統的詩歌形式，探索個體的情感和存在的主題。

同年，勞倫斯以畫家的身分首次亮相。倫敦華倫畫廊[134]還專門為他辦畫展，這讓勞倫斯的粉絲們大吃一驚。作品大多為裸體畫，這讓傳統派震驚。由於反對的聲音強烈，內政部下令畫廊撤展。勞倫斯因此受到極大傷害，他請愛德華將他寫給內政大臣的答覆發表。愛德華滿心歡喜地將這篇精采的辯護詞刊登在《這一季》上。

儘管勞倫斯的作品言辭犀利、文風生動，但他本人卻少言寡語、靦腆害羞。在我家時，他會獨坐在房間角落，不跟其他人攀談。直到他發現我跟他一樣少言靦腆，這才開始和我講話。但一整晚，基本上都是我在講。最近愛德華出版了勞倫斯的短篇小說《太陽》[135]，未作任何刪減。這部小說迅速掀起了太陽崇拜熱潮。大批女性蜂擁到法國南部，躺在岩石和海灘上享受日光浴。但很多人對於長時間曝晒的危害卻一無所知。儘管我竭力勸阻，告訴她們這樣會導致皮膚缺水、暗沉、出現皺紋，但她們對此置之不理，繼續追逐時尚。我一向反對太陽崇拜，至今仍然如此。我當時就告訴了勞倫斯。

「早知道這樣，」他說，「我應該放棄這個故事，或者將它寫成抵制太陽。」

每次想起勞倫斯，我都會難過。命運總是和這位才華橫

---

[134] 即 Warren Gallery。
[135] 即 Sun。

第 5 章　愛情與事業─女性的兩難抉擇

溢的年輕人開玩笑。有一次，他看起來病得很重。我讓他到我們孔拉維爾[136]的紅磨坊[137]別墅暫住。別墅在巴黎郊外約 25 英里。他可以在那裡和妻子弗麗達安靜生活。但他內心太渴望旅遊了。他前往法國南部，幾個月後在旺克去世。只有幾個朋友參加了勞倫斯的葬禮，愛德華便是其中之一。勞倫斯被安葬在半山腰的小型公墓，這座山可以俯瞰地中海。墓碑上方的石雕鳳凰，是一位敬仰欣賞勞倫斯的農民按照勞倫斯生前設計，用當地石頭雕刻而成。

美國作家威廉‧福克納[138]在許多方面和勞倫斯很像。他沉默高冷，不食人間煙火。福克納第一次來我家時，他的沉默就吸引了我的注意。我以為他病了，「不，夫人，」他肯定地告訴我：「我只是在想家。」而海明威恰恰相反。他總是口若懸河，而且固執己見。很少有男性能比他更英俊、更有男子氣概。他會滔滔不絕地談論自己以及和女孩交往的成功案例，有點大男孩的魅力。沒有人不喜歡他。

詹姆士‧喬伊斯卻腳踏實地。他喜歡長篇大論，尤其熱

---

[136]　孔拉維爾（Combs-la-Ville），又譯「孔布城」，法國中北部城市，法蘭西島大區塞納-馬恩省的一個市鎮，隸屬於默倫區。
[137]　即 The Mill。
[138]　威廉‧福克納（William Faulkner，1897-1962），美國小說家、詩人和劇作家，為美國文學歷史上最具影響力的作家之一，意識流文學在美國的代表人物。在其 40 多年的創作生涯中，他創作了 19 部長篇小說、125 篇短篇小說、20 部電影劇本、一部戲劇，約克納帕塔法系列小說是其中的代表。1950 年，他因為「對當代美國小說做出了強有力的和藝術上無與倫比的貢獻」而獲得 1949 年度的諾貝爾文學獎。

衷於複雜的寫作。「我來幫妳寫產品廣告詞吧,」他提議:「我會用《尤利西斯》的文風來寫,讓女人頭腦發熱,爭先恐後來購買。」他帶著嘲笑的口吻補充道:「畢竟,她們只是想逃離自己。」

上述幾位都是在20年代結識。其中大多數已經過世,但他們的名字卻被世人銘記。香奈兒[139]小姐是令我欽佩的女性。香奈兒的聲譽和社會地位一直不斷攀升,在過去幾十年裡能取得如此成就的女性為數不多。雖然香奈兒的年齡始終是個謎,但她的能力、品味和成就早已鑄就她的傳奇人生。無論身為設計師還是女性,我眼中的香奈兒始終代表時尚精髓。我剛認識她時,她經營一家規模不大的帽子店。20年代初,她決定進軍時尚界。她是首位將服裝設計與女性結合的偉大設計師。她的設計初衷就是讓女人看起來更年輕。她設計的「經典」服裝既美觀又舒適。她的首創不止如此。她剪短頭髮,創造的短髮造型轟動世界。短裙、角質框架眼鏡、船鞋和女士長褲都因她而流行;香奈兒五號[140]更是經久不衰。香水上市前,誰都沒有想到一個「裁縫」居然還能發明香水。

多年前,在一次香奈兒親自指導的試衣會上,我問她為

---

[139] 香奈兒(Gabrielle Bonheur "Coco" Chanel,1883-1971),法國先鋒時裝設計師,著名法國女性時裝店香奈兒(Chanel)品牌的創始人。她對於現代主義的見解,男裝化的風格,簡單設計之中見昂貴,成為20世紀時尚界重要人物之一。她對高級定製女裝的影響被時代雜誌評為20世紀影響最大的百大人物之一。

[140] 即 No. 5 perfume。

第 5 章　愛情與事業—女性的兩難抉擇

什麼一直不結婚。當時有一位非常富有的英國公爵愛慕她，這件事眾所周知。

「什麼？當公爵的第三任夫人？」她喊道，「不，我是香奈兒小姐，永遠都是。就像妳永遠是魯賓斯坦夫人一樣。這才是屬於我們的頭銜。」

後來當我們談到一生摯愛，她展現了機智聰敏的一面。

香奈兒問我：「夫人，妳從來沒有情人嗎？」

我坦誠地回答，自己既沒時間也沒想法。對此，她說：「妳可能很幸運。」這個回答直到現在仍讓我一頭霧水。

一戰後，我在巴黎的那幾年非常成功。我可以經常到創辦美容沙龍的國家，包括美國。每間美容沙龍都生意興隆。但愛德華卻開始抱怨我四處奔波，曾經多次對我經常不在巴黎家中表示不滿。

我盡量安撫他的焦慮情緒，卻沒有認真對待他的抗議，覺得這不過是他的占有欲在作祟。我太看重事業了，卻忽略了他的感受。他經常說話帶氣，但我當時並沒意識到問題的嚴重性。他說：「妳太辛苦了。沒必要這樣。我希望妳能多待在家裡，這才是妳的歸屬。」但我一門心思投入事業，認為事業才是最重要的。現在我才意識到，我當時無論身為妻子還是母親，都相當失敗。

直到有一天，愛德華告訴我他愛上了一個年輕女人。我

089

聽後非常痛苦，不知所措，但這事不能全怪他。我不顧一切地想做點什麼來挽回愛德華的心。

正當婚姻岌岌可危，我的事業也陷入危機。華爾街投資商雷曼兄弟[141]紐約分公司出價數百萬美元收購我在美國的美容沙龍，並承諾保留所有員工。我之前也曾收到過多家收購報價，但這次的報價誘人而且時機恰當。如果賣掉美國公司，我想，我就可以幸福地和愛德華在巴黎生活，也就能保全我們的婚姻。

我迅速做出決定，接受雷曼兄弟公司的報價，然後匆匆動身去美國簽署轉讓合約。

關於此次「收購」，流傳出很多故事，眾說紛紜。有人將其視為一筆高明的金融交易，堪稱「絕佳時機」的經典案例。其次這次交易並非「高明」。我出售美國公司的原因只有一個，那就是挽救婚姻。這其實是一種捨棄。因為對我來說，事業永遠要比金錢重要。而且女人的第六感告訴我，銀行家並不具備經營一家化妝品公司所必需的敏銳直覺和專業素養。但我別無選擇。

我在美國停留的時間很短，完成交易後就離開了。回巴黎的路上，我歸心似箭。有時我會興高采烈，第二天又開始

---

[141] 雷曼兄弟（Lehman Brothers），於1850年在美國創辦的一家國際性金融機構及投資銀行，業務包括證券、債券、市場研究、證券交易業務、投資管理、私募基金及私人銀行服務，亦是美國國庫債券的主要交易商。2008年9月15日宣布破產。

第 5 章　愛情與事業—女性的兩難抉擇

懷疑自我。當我最終到家，愛德華告訴我，他已下定決心要和我分開。

「為時已晚」是破裂婚姻最無奈的四個字。而我只剩下自責。

我大腦一片空白。「赫蓮娜，妳永遠都不會改變。事業才是妳的全部。」當聽到愛德華這句話時，我萬念俱灰。

但這些導致我失去婚姻的缺點，一旦放到生意場上卻又變成了我的優勢。當初在美國各地百貨公司巡講期間，我結識了不少百貨公司老闆，我們一直保持聯繫。隨著時間的推移，他們向我抱怨新老闆的經營模式。有的老闆寫信告訴我，恐怕無法繼續銷售赫蓮娜產品了，言語間盡是失望。雖然銷售量增加，但新銷售模式讓赫蓮娜產品顯得庸俗普通。

但這些壞消息，至少在某種程度上幫我暫時忘卻了個人煩惱。我開始悄悄在股市回購公司股票，最終我持股三分之一。身為大股東，我寫信給雷曼兄弟公司，表達強烈不滿。一開始，他們選擇無視我的抗議，但業務仍然不斷萎縮，股價持續下跌。我忍無可忍，於是寫信給所有股東，提醒各位股東赫蓮娜企業已經岌岌可危，呼籲各位股東跟我聯手抗議。

不久後，華爾街股市崩盤，數百萬美元一夜間全部蒸發，人們大驚失色。赫蓮娜公司的股價從每股 60 美元跌至 3

美元。雷曼兄弟不惜一切代價拋售股權。於是我僅用當初他們收購價的一小部分，就重新獲得赫蓮娜美國分公司的控股權。我迫切需要一個能讓自己全心投入的事業，這樣才能心無旁鶩。此外，我內心深處非常清楚，任何人都無法像我這樣經營赫蓮娜。經過多年專研，我早已發現經營化妝品和時尚的最佳模式就是私人企業。

於是，我重新開始孤軍奮戰……但我從未感到如此孤獨。

第 6 章
變革年代——
見證美容產業的革新

上篇　我的人生

　　想要挽救美國業務，我必須再一次踏上漫長無聊的旅途重返美國。光是想想，我幾乎都難以接受。我竭力掩飾婚姻破裂帶給我的痛苦。與此同時，我不敢想像離婚會對兩個孩子的生活造成何種影響。我希望他倆能和我在一起。他倆的歡聲笑語，哪怕二人偶爾發生孩子間的爭吵，都能讓我倍感快樂。他倆的聲音能讓我不再胡思亂想。

　　如果能帶著兩個孩子去美國，這對我們母子三人都好。兩個孩子也對新生活充滿期待。尤其是羅伊，他很早就表示對生意感興趣。為了讓他倆盡快適應，剛到美國的前幾個月，我建議他倆去美國工廠學點東西，包括了解魯賓斯坦產品的生產過程。出乎意料的是，兄弟倆欣然接受我的建議。而且他倆整個暑假一直泡在工廠裡。儘管賀拉斯沒有羅伊那麼感興趣，但他認同我的想法。賀拉斯有點像愛德華和我父親，頗具藝術天賦。跟他爸爸和外祖父一樣，賀拉斯更喜歡讀書，而不是記帳。

　　在相當長一段時間裡，工作是我唯一的寄託。我拚命工作，就像當初在墨爾本創業的頭幾年，並沒有因為自己年近中年而有絲毫懈怠。但沒過多久，我就處在崩潰的邊緣。我連續數月失眠，而且變得脾氣暴躁，難以相處。現在的我都不敢想像，當時那些可憐的員工是怎麼忍受我的。

　　緊接著，我收到父親去世的噩耗。我深愛父親，但我始

第 6 章 變革年代—見證美容產業的革新

終忙得脫不開身,更何況還有一大堆人靠我發的薪資養家餬口。所以我做不到不顧一切地趕回去參加父親葬禮。曼卡相對沒那麼忙,她立即動身回波蘭陪母親。一週後,曼卡趕到克拉科夫時,母親也已經去世了。

得知噩耗後,我陷入深深的自責。我懊悔為了忙事業,放棄回克拉科夫,當時母親尚在人間。我當初應該不顧一切趕回去。接下來的幾週,我始終悲傷得無法自拔,直到有位醫生朋友給我一些寶貴建議。

他問我:「如果妳在努力創業的過程中自殺,那創業還有什麼意義?」「如果換做別人,我會建議他來次遠航,但是妳永遠不會讓自己放鬆。妳經常對我說,妳願意當第一個吃螃蟹的人。如今,人們剛剛意識到飲食療法對於身心健康的重要性,妳何不前往蘇黎世新建的伯徹・本納[142]療養院,去嘗試學習飲食療法?這樣既可以轉移注意力,而且暫時離開一陣子生意也不會受到影響。磨刀不誤砍柴工。等妳找回最佳狀態,一定能取得更大成就。」

我接受了挑戰,動身前往瑞士伯徹・本納療養院。雖然我對那裡提出的飲食理論很感興趣,但我並沒抱太大希望。只是因為自己太沮喪了,想換個心情。到達沒幾天,我就知

---

[142] 伯徹・本納(Bircher-Benner,1867-1939),瑞士醫生和營養學先驅,以推廣生食主義和發明「木斯里」(Muesli)而聞名。他在 1897 年開設了自己的診所和療養院,名為「生命力」(Vital Force)。

道自己來對了。事實上，能與營養學先驅——伯徹・本納博士相識是我人生一大幸事。他當年提出的許多觀點如今都已得到廣泛認同。他很早就意識到維生素的價值以及營養對健康的關鍵性作用，強調各種新鮮食物的重要性。這些觀點在當時都走在時代之先。

當然，任何一種食物都無法單獨創造奇蹟；但如果選擇吃一些種植方法得當、科學搭配的食物，就能讓人保持身心健康、精神愉悅、充滿活力。我連續吃了三個星期的果蔬燕麥（主要成分包括燕麥、檸檬汁、加糖煉乳、蘋果泥和榛果）還有大量鮮果蔬菜。隨著緊張情緒逐漸緩解，我的睡眠品質也得到改善，而且我還在半個月內減重10磅。當我重獲元氣，我的腦海裡再次充滿對未來的規劃。

結束三週療程後，我重返巴黎。所有人都驚嘆我的外表變化和情緒改變。我迫不及待想回紐約，將我在伯徹・本納學到的知識推廣到美國。因為並不是所有人都有時間和金錢親自去瑞士體驗，但我至少可以將自己學到的東西跟大家分享。

我在美國的最新廣告中寫道：「歡迎加入『美麗日』，體驗低卡減脂午餐……全身按摩……還有臉部放鬆。」

赫蓮娜・魯賓斯坦美容沙龍的「美麗日」吸引了全世界女性的目光。在8小時的服務中，顧客將體驗周身上下的精

第 6 章　變革年代—見證美容產業的革新

緻服務。上午進行評估、量體重，制定個性化需求表。顧客將在主治醫師指導下進行矯正訓練。接下來是淋浴和全身按摩，然後是精心準備的低卡午餐。午餐後有 15 分鐘休息。下午，手法精湛的美容師將為顧客洗髮、剪髮、設計時尚吸睛的造型，再進行手部和足部修護。最後 1 小時，美容專家將為顧客講授化妝知識。一天結束，顧客從內到外都會煥然一新，整個人都會變得「更輕盈、更健康」。

但遺憾的是，低卡午餐並沒有賺到錢。

幾年後，有人仿效我的理念，賺了不少錢。顯然，當初我有點操之過急，也缺乏經營餐廳的經驗。儘管我們在這項投資上賠了不少，但「美麗日」項目在其他方面大獲全勝。瑪拉接管後，「美麗日」項目至今仍然非常熱門。

和愛德華分開後，我拒絕了無數次邀請。我無法裝作若無其事，於是選擇全心投入工作。那段時間我經常去巴黎出差。1935 年在一次巴黎之旅途中，我收到波利尼亞克伯爵夫人[143]的邀請。她是珍妮·浪凡[144]的女兒。著名的浪凡時裝店就在市郊美容沙龍附近。我接受了邀請。晚宴後大家一起玩橋牌。我當晚的搭檔是阿爾奇爾·古里埃利·齊科尼亞王子[145]，一位迷人的喬治亞人。他高大英俊，一頭捲髮，笑聲

---

[143]　即 Comtesse de Polignac。
[144]　珍妮·浪凡（Jeanne Lanvin，1867-1946），法國著名的時裝設計師，浪凡（Lanvin）品牌的創始人。
[145]　阿爾奇爾·古里埃利·齊科尼亞王子（Prince Artchil Gourielli-Tchkonia，

上篇　我的人生

頗具感染力。我欣賞他的坦率、熱情和開朗。我已經很久沒有如此享受晚宴時光了。

接下來的幾週，我倆經常在朋友家見面。一天，我邀請阿爾奇爾到我位於聖·路易斯島白求恩碼頭[146]的公寓玩橋牌。

早在 1930 年，當時我還和愛德華在一起，我就買下這處房產準備重建。公寓位於巴黎聖母院附近一條安靜街道，可以俯瞰塞納河。我用了五年時間勸說租戶搬離這座年久失修的建築，並聘請才華橫溢的法國設計師路易·蘇[147]在原址建造了一座全新公寓。我住在頂樓，因為在這裡可以將巴黎美景盡收眼底。蘇還為我設計了一個漂亮的屋頂花園，將視野進一步延展到整個巴黎全景，從聖心大教堂[148]一直到先賢祠[149]。

有朋友稱這棟公寓能看到「全巴黎最值錢的景色」。我卻喜歡這個屋頂花園，因為花園本身就是全世界最完美的景觀。從巨型噴泉噴出的水，沿著深藍色水池呈瀑布狀傾瀉而下，流進另一個水池。噴泉周圍花圃裡種滿了季節性綠色植

1895-1955)，喬治亞王子，1938 年與赫蓮娜·魯賓斯坦結婚，這段婚姻使魯賓斯坦獲得了「公主」的稱號，進一步提升了她的社會地位和公眾形象。
[146]　即 St. Louis, Quai de Bethune。
[147]　路易·蘇（Louis Sue，1875-1968），法國畫家、設計師和建築師，以其在裝飾藝術和設計領域的貢獻而聞名。他在 20 世紀初的藝術裝飾運動中發揮了重要作用，尤其是在家具和室內設計方面。蘇的作品通常融合了現代主義與傳統元素，展現出獨特的風格。
[148]　即 Sacre Coeur。
[149]　即 Pantheon。

物。花園角落還有一處亭子，可以在那裡用餐。亭子四周的玻璃屏風和爬藤植物還可以擋風。阿爾奇爾第一次赴約，我倆就在這裡共進晚餐。

晚飯後，我們一起玩橋牌。一如既往，阿爾奇爾又贏了。他笑我打得太保守。他笑著說：「對於美容產品的配方，妳向來都是放手一搏。怎麼玩起橋牌，卻變得畏手畏腳？」

道別之際，阿爾奇爾問我何時還能共進晚餐？我遺憾地告訴他，明天一早我就要去紐約了。

「沒問題，」他非常淡定地說，「妳喜歡紐約哪家餐廳？」

「科勒尼餐廳[150]」我笑著回答，覺得他只是隨口一說。兩週後，他打電話給我，說自己剛到紐約，讓我兌現承諾。不到一小時，他就過來接我。當晚我倆在科勒尼餐廳共進晚餐。

我怎麼能拒絕這樣一個男人？我倆很快就確立了戀愛關係。他一如既往，直截了當地說：「我倆都不是小孩了，赫蓮娜，妳需要我。」

從來都是別人需要我。但我從未想過，其實我也需要一個人陪在身邊，分享我忙碌疲憊的生活，時不時給予我安慰。我的確需要阿爾奇爾，需要他的歡聲笑語、他的關心還

---

[150] 科勒尼餐廳（Colony），1919 年由美國人約瑟夫·潘尼創辦，位於美國紐約第 61 大道上的一家著名餐廳。以其經典的美式菜餚和舒適的用餐環境而聞名。餐廳的菜色通常包括漢堡、三明治、沙拉和各種美味的主菜，深受當地人和遊客青睞，也是各地名人到訪紐約的聚會場所。

有他的全情投入。唯一讓我猶豫的是我的年紀比他大不少。但我們的朋友和家人最終說服了我,就連兩個兒子也非常支持我倆在一起。

1938年,我和阿爾齊爾步入婚姻殿堂。此後的二十年裡,我倆生活美滿,相敬如賓。婚後,阿爾奇爾非常關心我的事業,並給予我很多幫助。他心地善良、體貼入微。和他在一起時,我感覺非常放鬆。如果覺得我太過專注工作,他會不經意地提起某位商人收藏了好玩的古董或瓷器;或者跟我談談他見過的幾位未來可期的青年藝術家。因為他清楚,這些東西我無法抗拒。我倆很少分開,除非我要出遠門,否則我倆始終在一起。阿爾奇爾不喜歡搭飛機,如果我要參加的會議非常緊急非搭飛機不可,他就會乘船或搭火車,隨後趕到。

我們原計劃每年在紐約過冬,然後春夏兩季去歐洲。我倆都非常喜歡巴黎白求恩碼頭的公寓,因此決定在那裡度過我們的巴黎時光,但計畫泡湯了。1939年我倆正在巴黎,德法兩國又開戰了。這是我人生經歷的第二次德法戰爭。抱著一線希望,我們選擇留在巴黎。直到德軍攻入城市,我們才不得已離開巴黎公寓和紅磨坊別墅。我們放棄所有寶貴財產,甚至整個法國的美容事業,任由侵略者肆意妄為。

即便如此,我們還是耽擱了太久,差一點沒趕上最後一

第 6 章 變革年代—見證美容產業的革新

班客輪曼哈頓號[151]。我們僥倖離開了巴黎,但很多朋友就沒有這麼幸運了。二週後,我們抵達紐約。

在二戰那段漫長且痛苦的歲月裡,儘管我們身在美國,沒有親身經歷歐洲人民那麼多苦難,但戰爭帶來的精神折磨,我感同身受。我們日復一日,等待郵差帶來家人和朋友的消息。

巴黎陷入了納粹的魔爪之中;倫敦格拉夫頓街的美容沙龍被炸毀,幸好沒有人受傷。但幾個月後,噩耗傳來:妹妹雷吉娜被德軍殺害。同樣令人感到心痛的還有家人的離別。兩個兒子——羅伊和賀拉斯都自願入伍。外甥奧斯卡·科林[152]也加入法國軍隊,敦克爾克撤離時被納粹俘虜,但奇蹟般地逃脫。後來,他參加了「自由法國」運動[153]。

幸運的是,妹妹塞斯卡在倫敦經歷數月閃電戰襲擊後,最終抵達紐約。外甥奧斯卡也在戰爭結束後,帶著妻兒與我們團聚。讓我欣慰的還有賀拉斯的兩個孩子——托比[154]和巴里[155]一直在我身邊。多年來,我一直希望他們兩個或其中

---

[151]	曼哈頓號(SS Manhattan),20 世紀中期營運的豪華客輪,屬於美國的海洋運輸公司。它於 1931 年下水,主要用於跨大西洋航線,連接紐約和歐洲的主要城市。曼哈頓號以其優雅的設計和豪華的設施而聞名,曾吸引了許多名人和富裕的旅客。在二戰期間,曼哈頓號被改裝為軍艦,參與了軍事運輸任務。戰後它恢復了客運服務,直到 1967 年退役。
[152]	奧斯卡·科林(Oscar Kolin,1908-1995),慈善家、收藏家,赫蓮娜的外甥。
[153]	即 Underground movement in France。
[154]	即 Toby。
[155]	即 Barry。

一個能喜歡美容業。我原本希望自己的事業能在家族內部傳承，最少繼續經營 300 年。但兩個孩子身上的「藝術基因」似乎比「商業基因」更明顯。如今，托比從事繪畫行業，巴里則成為一個未來可期的作家。而羅伊的女兒赫蓮娜目前年紀尚小，未來究竟會向哪個方向發展無從得知，但我仍對她滿懷期待。

我始終堅信，緩解焦慮最好的方法就是工作，不停地工作。只要有空，我就會到實驗室全力以赴工作。如果有人提出，戰時忙事業毫無意義，我會當即反駁。在我看來，正是因為眼前的煩惱沮喪，女性才更需要化妝為生活增添色彩，透過皮膚保養獲得慰藉，從芬芳中尋找歡樂和解脫。有一次，我在白宮問羅斯福總統[156]，我能為戰爭做點什麼？他跟我說，他剛讀了一份倫敦報紙，其中有位女士的故事讓他印象深刻。醫護人員將這位女士從一棟遭受空襲的建築中救出來。她躺在擔架上，還沒注射鎮定劑，卻懇求醫護人員先幫她找口紅。「它對我非常重要，」她說。羅斯福總統明確表示：「妳能為這場戰爭做的，就是幫助我們的女性打氣加油。妳做得很好！」

這場可怕的戰爭奪去了許許多多年輕生命。我們一邊工作，一邊盼望這場戰爭能早點結束。終於我們迎來了勝利，

---

[156] 羅斯福總統（Franklin Delano Roosevelt，1882-1945），民主黨籍政治人物、第 32 任美國總統，是美國 1920 至 1930 年代經濟危機和第二次世界大戰的中心人物之一。

第6章 變革年代—見證美容產業的革新

先是歐洲戰場,然後是日本。即便飽受戰爭摧殘的人們此時也可以和全世界共同歡呼雀躍。因為此刻,整個文明世界已融為一體。

日本宣布投降當天,我打電話給紐約所有旅行社,懇求他們幫我預留位置,飛機、客船、貨輪都行,我要第一時間趕往歐洲。十天後,我登上一艘駛往法國的「自由號」貨輪。我只訂到一個位置,同艙還有五位女士。阿爾奇爾只好乘坐下一班。

眼前的巴黎讓我傷心欲絕,我永遠無法忘懷。我第一時間聯繫老員工,向他們打聽朋友和其他同事的消息。我還求助於警方,根據我們提供的地址和資訊幫忙尋找失散的朋友和同事。我們白天四處尋找,晚上碰面匯總資訊,並制定次日的找尋計畫。有些好友始終沒有消息,還有些朋友見面時已經一無所有。好在大多數朋友都倖存下來,儘管經常飢腸轆轆,但依然健康快樂。

白求恩碼頭的公寓成為大家相聚和吃飯的地方。這裡曾被德國人占領,遭受無情的洗劫和嚴重破壞。珍貴的雕塑作品顯然被當成射擊靶子。還有一尊精美的希臘阿芙羅黛蒂雕像布滿彈孔。直至今日,我仍將這尊雕像擺在大廳入口,諷刺當初這些毫無意義的破壞行徑。許多家具被洗劫一空,很多遭到嚴重破壞。我那張精緻的路易十六牌桌被抬到露臺

上，寒冬數月一直放在室外淋雨受凍。最讓我無法接受的是納粹在撤離公寓前將許多家具扔出窗外。這種破壞行為簡直愚蠢至極，任何成年人都不應該如此。更讓人無法理解的是美容沙龍主建築的地毯上布滿了數千個大小相同的窟窿。這張產於19世紀的地毯出自大師之手，工藝精湛。但顯然已被左輪槍打得千瘡百孔。雖然公寓遭到嚴重破壞，但仍然可以居住。至少還有些床和床上用品能讓我們暫時落腳。在當時這些身外之物毫無價值。

孔拉維爾的紅磨坊更是一片狼藉，空空如也。家具被洗劫一空，所有浴缸、洗手臺和馬桶都被砸爛。

但眼下最重要的就是全力以赴，盡快讓聖奧諾雷市郊路的美容沙龍恢復營業。只有這樣做，我才能為那些想回來工作的倖存員工提供職位。德國人曾經管理美容沙龍一段時間，後來因為斷貨而關閉。但在獲批經營權前，我必須證明自己擁有美容沙龍的所有權。這就意味著我要填寫各種表格，還要應付一大堆沒完沒了的面談。但好在最終都解決了。接下來就是尋找所剩不多的精油和其他原材料，有了這些材料我就能開始在「廚房」裡工作了。與此同時，我盡自己所能物色裝修工人和設計師，並安排給他們非常緊迫的任務。一切準備工作幾週內全部完成，期間，我翹首企盼身在美國的阿爾奇爾能早日到達。我之前寫過信給阿爾奇爾，讓他安排運送眼下急需的物資。但由於原材料短缺、貨運延

誤,所以進展緩慢。過了幾個月,我們才恢復營業。

多虧賀拉斯趕回來幫我。我們沒有車,即便有也沒辦法加油。因為經常擠不上地鐵,賀拉斯和我每天要步行 3 英里往返於公司和住所。但這也讓我倆得到鍛鍊,於是漸漸享受每天步行。我們慶幸自己能活下來,還能繼續忙碌,也就無暇回想過往或怨天尤人了。

阿爾奇爾終於到了。戰爭結束後的數月內,橫跨大西洋客運服務僅對極少數「特權人士」開放。因為有乘客在出發前臨時取消,阿爾奇爾這才買到船票。再次和阿爾奇爾重逢,我才意識到我多麼需要他。他的沉穩、處變不驚,還有他的笑容以及謙和友善對我來說至關重要。

這回我終於能抽出幾天趕往倫敦,看看那裡情況如何。格拉夫頓街遭受轟炸後,我們在伯克利廣場[157]購置了臨時辦公室。但空間有限,無法滿足辦公需求,我開始尋找更大的場地。除了阿爾奇爾,還有六位房產經紀人幫忙。這不禁讓我想起多年前我初到倫敦,那時我舉目無親,身邊也沒人幫我。現在我對倫敦的每個角落都瞭如指掌。而當初,我就連聖·詹姆士[158]、公園徑[159]和南奧德利街[160]這些地名都分不清。我至今依然記得當初每天都會走得精疲力竭。

[157]　即 Berkeley Square。
[158]　即 St. James's。
[159]　即 Park Lane。
[160]　即 South Audley Street。

此後，多少人的世界發生了天翻地覆的改變，又有多少年輕人失去了生命。

我非常幸運，最終找到位於拉夫頓街 3 號一棟公寓。這是一座 18 世紀建築，就在老店的附近，而且還是長期租賃。一切都稱心如意。歷史上曾有多位絕代佳人在這裡留下過足跡，包括愛德華七世時期這棟建築的最後一位女主人——威利·詹姆斯夫人[161]。她曾在這裡招待過愛德華七世。在這裡開美容沙龍堪稱絕佳位置，直至今日，這裡始終是倫敦總部。華麗的樓梯和二樓陽臺依舊保持當年的模樣，無論任何改動都是一種褻瀆。

1940 年代末，阿爾奇爾和我剛從歐洲返回美國，就動手籌備一個全新專案。阿爾奇爾認為，應該為男士做點什麼。我非常贊同。在我倆看來，美國男性的髮型、白襯衫還有深色西裝千篇一律。相比之下，英國男士更善於彰顯個性。溫斯頓·邱吉爾爵士[162]憑藉俏皮的蝴蝶結領結和圓頂高帽突顯下顎的剛毅線條；準首相哈羅德·麥米倫[163]仿效愛德華時期的簡潔隨意；而當紅電影明星雷克斯·哈里遜[164]則喜歡穿絢

---

[161] 威利·詹姆斯夫人 (Mrs. Willie James，1867-1929)，蘇格蘭社交名媛。
[162] 溫斯頓·邱吉爾爵士 (Sir Winston Churchill，1874-1965)，英國保守黨籍政治人物、演說家、外交家、軍事家、史學家、作家和畫家，英國前首相。
[163] 哈羅德·麥米倫 (Harold Macmillan，1894-1986)，英國政治家，保守黨黨員，曾於 1957-1963 年間出任英國首相。
[164] 雷克斯·哈里遜 (Rex Harrison，1908-1990)，英國電影演員，曾獲得奧斯卡最佳男主角獎。

第 6 章 變革年代—見證美容產業的革新

麗的粗花呢外套,搭配粗花呢帽子和開襟毛衣。

上述幾位對穿著都有獨到見解、堅持自我。他們對服飾精挑細選、注重細節,充分展現出自信和與生俱來的品味。這些潮流當時被許多注重外表的英國男士仿效。

我們在紐約聖瑞吉斯酒店[165]旁,用阿爾奇爾的姓氏,開了一家名為「古利埃里男裝之家」[166]的男裝店。這就是我們在美國的全新專案。一樓臨街的精品店出售深受男士喜愛的套頭衫、領帶、襪子和其他配件,都是從英國、義大利進口。樓上理髮店出售一些新鮮玩意,比如男士古龍香水、染髮膏和訂製假髮(絕對私密)。私人房間為客人提供臉部護理和吸氧機,幫助熬夜男士迅速找回最佳狀態。此外,我們在附近一家餐廳為客人提供精美午餐,並安裝了股市收報機。生意人即便不在辦公室,也能隨時了解華爾街最新的股票行情。

古利埃里男裝之家成為菁英圈的「老地方」,不少名人都是這裡的常客。電影明星尤·伯連納[167]專程到東55街理髮打蠟的說法傳遍紐約。其實是美容沙龍的保全為他擦鞋,而且擦得還不錯。經常都有豪華轎車停在美容沙龍門口,滿面笑

---

[165] 即 St. Regis Hotel。
[166] 即 The House of Gourielli for Men。
[167] 尤·伯連納(Yul Brynner,1920-1985),俄裔美國戲劇與電影演員,奧斯卡金像獎得主。

容的司機會接走保全盧[168]，我們一直以為他是去幫社會名流擦鞋。直到後來我們才明白，盧之所以備受青睞跟擦鞋毫無關係，而是因為在賭場坐莊。遺憾的是，那也是我們最後一次見到他。

然而，古利埃里男裝之家的顧客實在太挑剔了。我們發現自己再一次引領了時代潮流。即便如此，我預測用不了多久，男士梳洗用品就會和女士一樣豐富多樣。現今這種趨勢已經形成：在刮鬍潤膚乳液和護膚品中新增男士香水已被越來越多的人接受，許多男士有自己喜歡的古龍水。假髮套和髮片的完美搭配，為無數男士帶來自信；越來越多男士選擇用染髮膏遮掩白髮。對此我完全贊同。因為我認為一個人的外表是最為寶貴的財富。

戰後幾年的管制和物品短缺，激發了美容業的多元發展和不斷嘗試，儘管一部分最終以失敗告終，其中就包括蜂王漿。曾幾何時，蜂王漿曾登過新聞頭條，甚至讓許多所謂的「美容專家」也為之一振。蜂王漿被賦予各種神奇的治癒養生功效，並被新增到無數美容配方中。數年前，我的一位法國藥劑專家長期專研蜂王漿。他認為，儘管蜂王漿中的確含有某種可以延長蜂王壽命的營養物質，但提取量無法滿足女性美容的需求。

---

[168]　即 Lou。

第6章 變革年代—見證美容產業的革新

當我發現許多國家一時間都在討論蜂王漿，於是決定親自研究。我飛到紐西蘭向艾德蒙·希拉里爵士[169]請教。他是全世界最偉大的養蜂專家，也是登頂聖母峰第一人。我請艾德蒙爵士分享關於蜂王漿的見解，問他到底能不能在美容產品中新增蜂王漿？他基於畢生研究經驗給出了權威答案：「吃蜂蜜完全沒問題，夫人。」我至今還記得他的回答。「吃蜂蜜的確可以補充能量，但所謂養生美容的傳奇功效妳大可不必考慮。那是對蜜蜂而言。在紐西蘭，不是每個養蜂人的蜂王漿年產量都能超過數磅。而要想滿足如此龐大的市場需求，恐怕需要數噸蜂王漿，才能確保妳的護膚產品有效。」

艾德蒙爵士的回答讓我徹底打消了這個想法。我很慶幸，從未在任何赫蓮娜產品中加入蜂王漿。因為時間和事實已經證明了蜂王漿的功效甚微。短短幾個月，市面上的蜂王漿就消失殆盡。來也匆匆，去也匆匆。

也許我這麼說有點離經叛道。儘管我不斷探索，希望赫蓮娜·魯賓斯坦的產品能夠不斷創新，但我仍然覺得如今的美容產業存在太多「噱頭」。我知道，許多年輕女性和小女孩購買（美容）儀器是為了「好玩」，只是為了讓別人眼前一亮，或者為了讓自己覺得更美。她們代表了相當數量的消費族群。然而，美遠不止是「噱頭」，核心應該是長期不斷的保

---

[169] 艾德蒙·希拉里爵士（Sir Edmund Hillary，1919-2008），紐西蘭登山家和探險家，在和雪巴人嚮導丹增·諾蓋的合作之下，成為可證明的紀錄中最早成功攀登聖母峰頂的人。

養和自律。如今，我依然用當初從波蘭帶到澳洲的乳霜。只不過經過後期改良，並冠以自己的名字繼續銷售。我仍然堅持在浴缸或床上做健身操。我不吸菸，酒喝得也很少。與此同時，我希望所有女性都能更注重自然美。這種美源自適當鍛鍊、合理飲食，最重要的是內心的寧靜。市面上任何眼妝都無法擦亮已對世界失去興趣的雙眼，而對女性來說，熱愛生活就是世界上最好的「粉底」。

第 7 章
藝術與收藏 ——
我的美學品味

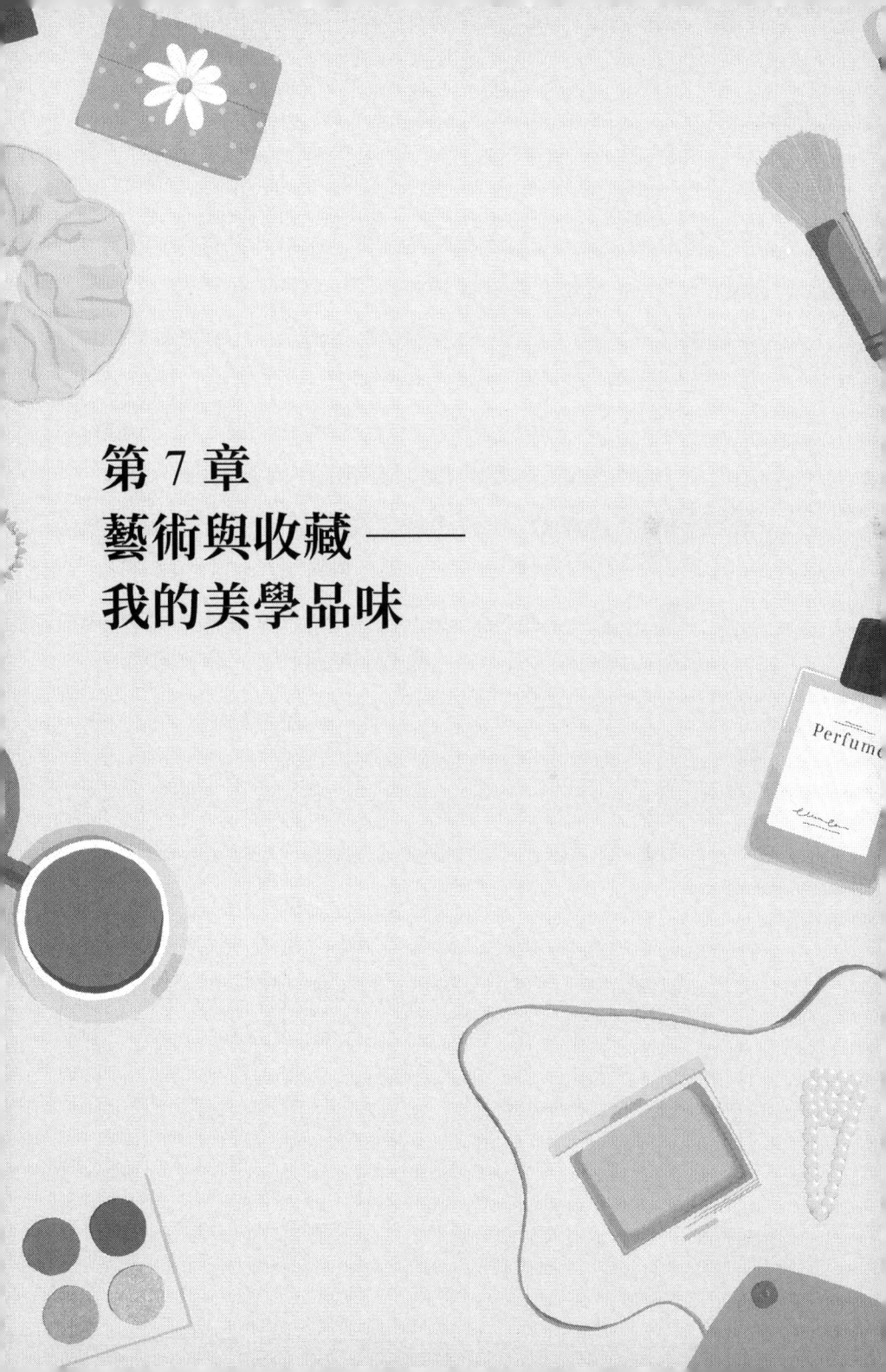

經常有人問我，為什麼要保持自己遍布世界的房產隨時能住，他們很好奇我是如何打理的。因為我不喜歡跟朋友在飯店會面，那樣太冷漠了。我喜歡在屬於自己的空間見朋友。至於如何打理各地房產，我有時稱之為「魯賓斯坦希爾頓」[170]模式，就是每處寓所請一對夫婦幫忙照看。我可以驕傲地說，這些夫婦平均已經跟我35年了。尤金妮婭[171]已經幫我照看巴黎公寓40多年；孔拉維爾的安妮特[172]從我1930年代初買下紅磨坊別墅就住在那裡；還有康乃狄克州格林威治的利奧[173]和瑪格麗特‧伯傑龍[174]夫婦，從1915年愛德華和我在當地購置房產後，就一直在那裡幫我們照看。忠實的菲律賓管家阿爾伯特[175]，過去23年裡一直幫我照看紐約的公寓。

　　我在各地的住所經常被媒體報導拍照，而且各處都陳列許多古董家具和藝術品，但這些住所並非死氣沉沉、毫無生活氣息。對我而言，家最重要的是舒適；無論我住在哪裡，房間裡都必須要擺滿鮮花，這樣才有家的氛圍。我不斷調整家具，更換窗簾、床罩，改變牆面顏色讓房間保持「活力」。每隔幾個月，我就會將喜愛的畫作和非洲藝術品調換位置。

---

[170]　即 Rubinstein Hiltons。
[171]　即 Eugenie。
[172]　即 Annette。
[173]　即 Leo。
[174]　即 Margaret Bergeron。
[175]　即 Albert。

第7章　藝術與收藏—我的美學品味

這種看似突破傳統的個人品味經常被人評論。原因其實很簡單：我喜歡各式各樣漂亮的東西，至於如何用，我不介意打破常規。每處住所都有一兩間儲物間。我最喜歡在下雨的週末，到儲物間翻找某個舊花瓶、某幅畫，或者某件被塵封已久的物件。這個習慣幫我找回了許多幾乎被徹底遺忘的寶藏。

我經常住在紐約的寓所，一年有6個月時間在那裡。這本書也是在紐約家中完成的。二戰期間，我發現了這棟位於公園大道14層頂樓的三聯公寓。在給兒子羅伊的信中，我寫道：「我愛上了一座天空之城，」這就是我對這棟公寓的第一印象，儘管有人多次勸我不要考慮——這棟公寓太大了，不好打理。而我最終買下了這棟公寓。多年來，這棟位於公園大道625號的頂層公寓一直是我最喜愛的家，我經常在這裡和一大家子團聚。每個房間都留下幸福回憶。羅伊和妻子紐塔和我就隔幾個街區，我的姪子奧斯卡·科林一家住得也不遠；幫我打理各國分公司的親戚都知道，只要到了紐約，我這棟公寓永遠歡迎他們的到來。我喜歡和家人在一起。每到聖誕節，我們都會舉辦家庭聚會。晚餐往往打破常規：波蘭開胃菜、波蘭餃子、魚子醬，然後是火雞、聖誕布丁和肉餅。

如有需要，我偶爾還會將紐約公寓用於他用，比如為慈善事業捐款或者舉辦一些商業活動。我專門預留一個房間用

113

來開會。我稱之為「回憶屋」,因為房間布局仿效我們最早在格林威治的家。羅伊經常用這件事調侃我。「妳是故意的,」他說,「如此布局讓我想起了格林威治,讓我無法反對——過去太難忘了!」

公園大道的公寓最初由一位銀行家建造,他家人口眾多。在他去世後,家人嘗試出租,但因為面積太大(26個房間加上8個浴室),這棟公寓在我購買前一直閒置了6年半。就連房地產代理都認為它華而不實。他們始終認為,如果沒有足夠的人手,根本無法打理。其實只要有3個人常住在那裡,負責日常打理,照顧我的起居,在大掃除和宴請時當助手就足夠了。我認為這種現代的美國模式非常合理。

露臺除了長滿常青植物和鮮花的花圃,還有幾棵垂柳。白天豔陽高照,陽光灑進公寓。此時此刻,我也許正住在這裡。每隔幾年,露臺外觀都在不斷變化。先是英式玫瑰園、然後是香草園、還有日式假山庭院。有一次為了聚會,我們還特意完美復刻了夏威夷叢林風格——用蘭花裝點專為宴會建造的瀑布。

艱苦的戰爭歲月,紐約公寓的露臺變成「空中農場」,我們種了不少蔬菜,自給自足。有一次,我將公寓借給城市花園俱樂部[176],為城裡渴望擁有專屬花園的孩子們募捐。當時

---

[176] 城市花園俱樂部(City Gardens Club),成立於1918年,是紐約一家非營利組織,致力於提升和保護城市環境的自然美,特別是在紐約市。該俱樂部

第 7 章　藝術與收藏—我的美學品味

整個露臺種滿了五顏六色的開花植物。

我將公寓入口的一個房間改造成橋牌室，我喜歡玩橋牌。1942 年，我特地請薩爾瓦多·達利[177]為該房間繪製壁畫。他以超現實主義的繪畫風格，克制且不失優雅地繪製了三幅壁畫，分別表現早晨、中午和夜晚。記得完成後首次示人的當晚，有位客人問畫家有什麼特殊寓意？「這就是生活的寓言故事，」達利解釋道。「需要觀眾自己來解讀。如果沒看出來，那就是沒有任何寓意。」

完成壁畫後，達利又發揮他永不倦怠的想像力，建議我把橋牌室改為音樂廳。「我想設計一個鋼琴噴泉造型。」三角鋼琴懸掛在頂棚，不能彈。「這就是超現實主義的精髓。」他補充說。

幸好達利沒多久就去忙其他事情，我可以按照自己的想法布置橋牌室 —— 用 18 世紀巴洛克風格家具搭配橋牌桌。我的想法有點標新立異，但卻很實用。

通往橋牌室的走廊兩側是主臥，每間臥室長約 40 英尺，隔壁還有大小差不多的浴室。用現代標準衡量，這些臥室太大了。我承認，主臥浴室對我來說也太大了。但我在一側牆

　　　專注於園藝、環境保護和教育等多個領域，旨在增強社區對自然的欣賞，尤其是青少年。
[177]　薩爾瓦多·達利（Salvador Dali，1904-1989），著名的西班牙加泰羅尼亞畫家，因為其超現實主義作品而聞名，他與畢卡索和米羅一同被認為是西班牙 20 世紀最有代表性的三位畫家之一。

面上安裝了儲物櫃,用來存放家居用品和衣服,這樣就能一舉兩得。我討厭浪費空間。

最近一兩年,臥室已經成為我的辦公室,因為醫生要求我每週必須有幾個上午臥床。房間可以輕鬆容納十幾個人。有機玻璃家具透光性很好,這是剛搬來時,好友拉迪斯拉斯·梅德吉斯[178]為我設計的。至於那張床頭床尾都有照明的床,儘管我不知道該如何評價,但必須承認,家中這些高顏值、與眾不同的床我都很喜歡。倫敦家中還有一張16世紀雕龍畫棟的葡萄牙橡木床,當初是在埃斯托里爾[179]附近一家小古董店裡花160美元買的。

巴黎公寓裡有一張床鑲嵌貝殼,當初專門為拿破崙三世[180]的歐仁妮皇后[181]定製,還有配套的邊桌和椅子。剛結婚時,阿爾奇爾不喜歡這張床,覺得太過奢華。有一次,我發現他故意摳掉貝殼。為此,我還和他大吵一架。他解釋說,自己只是想讓這張床看起來有點生活氣息。

在紐約公寓三層樓,所有牆面都掛著我多年來收藏的畫

---

[178]　迪斯拉斯·梅德吉斯(Ladislas Medgyes,1892-1952),匈牙利裔美國藝術家。他在1920年代為巴黎的許多歌劇和戲劇製作提供了舞臺設計,他在1941年移民美國,並在赫蓮娜·魯賓斯坦的化妝品公司擔任藝術總監。
[179]　埃斯托里爾(Estoril),位於葡萄牙卡斯凱什的一個鎮。
[180]　拿破崙三世(Napoleon III,1808-1873),法蘭西第二共和國唯一一位總統及法蘭西第二帝國唯一一位皇帝,亦是拿破崙一世的侄子和波拿巴家族繼承人。
[181]　歐仁妮皇后(Empress Eugenie,1826-1920),法蘭西第二帝國皇帝拿破崙三世之妻和法國最後一位皇后和首任第一夫人。

第 7 章 藝術與收藏—我的美學品味

作。我曾經狂熱地收藏雷諾瓦作品。我認識雷諾瓦而且欣賞他的作品，他的畫既有強烈的視覺衝擊，又不失細微處的精緻。雷諾瓦本人也非常有趣，眼中充滿友善和笑意。我倆第一次見面還是在一戰前。當時已經有不少藝術品經紀人搶購他的作品，而他卻淡定地面對眾人追捧。「我是天才？」他說。「胡扯！一旦藝術家認為自己是天才，那他就完了。必須像工人一樣努力創作，絕不能妄自尊大。」

我第一次和雷諾瓦見面就把他惹怒了。他的一幅肖像畫剛剛被出價 5 萬法郎。「太多了，」他憤憤地說。「在世藝術家的作品不應該賣這麼高價！」我希望雷諾瓦能為我畫一幅肖像。許多知名藝術家都為我畫過肖像。有時純粹是畫家對我這個模特兒感興趣，有時是我覺得自己能幫幫他們。薩爾瓦多‧達利承認自己是在為我畫肖像後，才成為美國知名的肖像畫家。埃利‧納德爾曼也是我幫他安排首次個人畫展後才聲名大噪。林肯‧柯爾斯坦[182]在現代藝術博物館[183]介紹納德爾曼的出版品中描述了 1911 年我在倫敦與這位天才畫家的初次見面：

「納德爾曼的波蘭同胞 —— 赫蓮娜‧魯賓斯坦夫人，即

---

[182] 林肯‧科爾斯坦（Lincoln Kirstein，1907-1996），美國紐約的作家、藝術收藏家和慈善家。也是紐約市芭蕾舞團創建人之一。
[183] 現代藝術博物館（Museum of Modern Art），美國紐約市曼哈頓中城的博物館，也是世界上最傑出的現代藝術收藏之一。位於曼哈頓西第 53 街，在第五和第六大道之間。

日後的古利埃里王妃走進帕特森畫廊,她是一位惜才的收藏家。她並不是只買一兩幅畫,而是買下了所有展出作品。這次贊助對納德爾曼的職業生涯影響深遠。魯賓斯坦夫人還將納德爾曼的畫作掛在倫敦、巴黎和紐約的豪宅裡,代表現代女性科學美容⋯⋯」

柯爾斯坦這段文字中,「惜才」二字最讓我感動,我確實非常看好納德爾曼。他才華橫溢,又是波蘭同胞,他用作品完美詮釋了我在廣告中努力向全世界女性傳達的思想。在我看來,與麥迪遜大道[184]上那些為美容產業創造的花俏詞彙相比,納德爾曼作品中的簡明線條以及他對藝術形式的感悟更能詮釋什麼是美。而且我認為兩者必不可少。

請人畫肖像需要碰運氣。我明白藝術家必需根據自己雙眼所見進行創作,不受拘束。但有時當我看到自己的肖像畫,就會用薩金特[185]的話安慰自己。他說:「肖像畫是一種再現,但嘴往往跟本人略有出入。」

法國女畫家瑪麗・羅蘭珊[186]把我畫得像印度王妃。拉烏爾・杜菲曾為我創作一幅絢麗的水彩畫。畫中我身穿紅、白、

---

[184]　即 Madison Avenue。
[185]　薩金特(John Singer Sargent,1856-1925),美國藝術家,因為描繪了愛德華時代的奢華,所以是「當時的領軍肖像畫家」。他在一生中創作了 900 幅油畫,2,000 多幅水彩畫,以及無數幅素描畫、炭筆畫。他的畫作描繪了他遊歷世界各地時的見聞。
[186]　瑪麗・羅蘭珊(Marie Laurencin,1883-1956),法國畫家和版畫家,以其獨特的藝術風格和對女性主題的探索而聞名。

第 7 章　藝術與收藏—我的美學品味

藍三色服飾，像一面旗。在俄羅斯浪漫主義畫家切利喬夫[187]眼中，我多愁善感。於是，他在作品中為我的臉部新增了不同顏色的色塊。而在達利的肖像畫中，我被數條綠寶石繩索綁在一塊巨大岩石上。他認為我被財富束縛，但其實他錯了。貝拉德[188]洞悉我對孩子的感情，創作出我最滿意的肖像畫。畫中我身著白色簡約寬袍，披著披肩，懷裡摟著一個黑髮男孩，那是小兒子賀拉斯。

我最後一幅肖像畫由葛拉漢‧薩瑟蘭創作，畫中的我看起來像一位目光如炬的女族長！起初我並不喜歡這幅畫。但隨著時間推移，我越來越喜歡。我提醒自己，有藝術評論家已將這幅畫比作文藝復興時期傑作。薩瑟蘭親自為我挑選了巴黎世家的紅色刺繡禮服。鋪色前，他勾勒無數草稿、反覆推敲。但畫作尚未完成，我就要返回美國。薩瑟蘭決定離開倫敦，回到肯特郡家中繼續完成作品。薩瑟蘭臨行前，特意從我的禮服下襬處剪一塊布頭，確保能精準再現禮服的顏色和紋理。此後六個月裡，他音信皆無。一次我在倫敦做短暫停留，我收到薩瑟蘭的消息，告訴我可以到雀兒喜國王路一家小裝裱店看看那幅已經完成的肖像畫。我到了之後發現店

---

[187]　切利喬夫（Pavel Tchelitchew，1898-1957），俄裔美國畫家和舞臺設計師，以其超現實主義和表現主義風格而聞名。其作品常常融合了夢幻般的元素和細緻的細節，展現了對人類情感和心理狀態的深刻探索。
[188]　貝拉德（Christian Bérard，1902-1949），法國畫家、插畫家和舞臺設計師，以其在 1930～40 年代的戲劇設計和時尚插畫而聞名。其作品融合了繪畫、插圖和舞臺設計，展現了他在巴黎藝術界的廣泛影響力。

裡沒人,只有兩幅真人大小的肖像畫!我不知道該說什麼,因為我對兩幅作品都不滿意。兩幅作品對我的詮釋極為大膽和強勢,我沒想過自己在別人眼裡竟然是這樣。我也從沒在強光下端詳自己。這兩幅作品日後在泰德美術館[189]展出。儘管連我自己都認不出畫的到底是誰,但作為油畫作品,我必須承認這兩幅確實稱得上傑作。憑藉絢麗色彩和非凡筆觸,兩幅畫幾乎勝過泰德美術館所有作品。其中一幅被比弗布魯克勳爵[190]買下,擺在加拿大弗雷德里克頓[191]畫廊。另一幅掛在我的紐約公寓走廊。閒暇時我會端詳這幅畫,心想:我難道真像薩瑟蘭筆下那麼嚴肅莊重嗎?

如果看到畢卡索為我創作的肖像畫成品,我還會再次震驚嗎?畢卡索是我四十多年的朋友。我初見畢卡索是在他巴黎一次畫展,當時我看中了他一幅油畫,尺寸不大,畫的是個小男孩。我買下這幅作品。畢卡索過來跟我說,畫中的男孩是他兒子——小巴勃羅[192]。我對這位畫家印象非常好。從那以後,我收藏了他許多作品,包括他設計的掛毯——〈女人〉,如今掛在我紐約公寓的客廳。

十多年前,我到坎城郊外別墅拜訪畢卡索。從那時起,

---

[189]　即 Tate Gallery。
[190]　比弗布魯克勳爵(Lord Beaverbrook,1879-1964),加拿大 - 英國的報紙出版商和幕後政治家,是 20 世紀上半葉英國媒體和政治界的重要人物。
[191]　即 Fredericton。
[192]　即 Pablo。

第 7 章　藝術與收藏—我的美學品味

他就開始為我畫肖像畫。他畫了至少有 50 張草稿，從腰部以上一直到眼睛──但他始終沒有完成頭部。我坐在一個臨時餐廳，讓畢卡索起草稿。窗外花園叢林中擺放著他超凡脫俗的青銅藝術品，遠處地中海盡收眼底。畢卡索幫我選了一件色彩明豔的墨西哥襯衫。他削鉛筆時，我坐在那裡一動不動。他哼著小曲，突然他說：「赫蓮娜，我要做點紀錄，……像警察那樣！」他手法很快。伴隨著鉛筆在紙上飛舞，他不斷丟擲問題，時不時還滿意地喃喃自語。

「第一個問題，妳年紀多大了？」。

「比你大。」我的回答似乎讓他很滿意。他認真觀察我許久。

「妳耳朵很大，」他說，「和我的差不多。大象耳朵也大，牠們壽命很長，我倆也能長壽！」然後他放下手中鉛筆，繼續湊近觀察。

「妳雙耳和眼睛的距離跟我一模一樣。」他興奮地喊道。

「那能說明什麼？」

「說明妳跟我一樣，都是天才！」

可惜這副肖像始終沒有完成。每次見到畢卡索，我都會問他相同的問題：「你準備什麼時候畫完？」每次我都得到同樣的答覆：「急什麼？妳和我都還年輕，有的是時間。」

我又想起另一位畫家，一個墨西哥人。我數年前認識

他，至今記憶猶新。當時是聖誕節，阿爾奇爾勸我陪他去墨西哥。我們打算去墨西哥泡溫泉，好好放鬆一下。抵達墨西哥城後，還沒去水療中心，我注意到酒店附近有家商店出售色彩斑斕的墨西哥披肩。一個年輕人站在櫃臺後正用薄綿紙打包——這種紙我從未見過。紙上有手繪的非寫實風格人物，筆法精湛。我問他這些紙從哪裡買的？能不能賣我幾張？年輕人說自己是個藝術家，因為窮，買不起畫布和畫紙，所以只能在薄綿紙上作畫，畫完再拿來包裝。他很開心，賣給我不少這種紙。我對這個非同尋常的年輕人非常好奇。他告訴我他叫傑西·雷耶斯[193]。我們取消了原定的溫泉浴，詢問傑西·雷耶斯是否願意當我們的導遊。憑藉他的雙眼，我們看到了墨西哥與眾不同之處。後來，我幫他安排了一場薄綿紙畫展。畫展非常成功，足夠他買一輩子用的畫布、顏料和紙張。畫展後，他在墨西哥和南美洲聲名大噪。

阿爾奇爾和我從墨西哥前往巴西，隨後又到阿根廷。我被美麗、日新月異的布宜諾斯艾利斯市深深吸引，決定將其選為南美業務的營運中心。起初，有人告訴我這不可能，因為沒有合適的樓宇出售。於是我親自尋找房源，我一貫如此。最終我找到了稱心如意的街區。我接受朋友建議，透過當地律師事務所聯繫這條街上幾棟樓宇的房主。萬一有人願

---

[193] 傑西·雷耶斯（Jesus Reyes，1880-1977），自學成才的墨西哥藝術家、古董收藏家和商人，以其在20世紀的民間藝術和裝飾藝術方面的貢獻而聞名。

第 7 章　藝術與收藏—我的美學品味

意賣呢？下個週一，律師開始跟房主洽談；到週三晚上已經談妥其中兩棟。我們只需簡單調整建築的布局。一個月後，南美地區首家美容沙龍正式開業。

還有一次，阿爾奇爾和我在羅馬遇到了許多才華橫溢但卻囊中羞澀的義大利青年才俊。我倆心血來潮，決定為這些年輕人辦一次作品展。這些人沒去過美國，於是我們提議請其中 20 人畫出他們心中的美國。結果超乎想像。奧爾多·帕格里亞奇[194]筆下「燃燒的教堂」，展現了大火中的聖·派翠克大教堂[195]。還有對教會情有獨鍾的尼諾·卡菲[196]，作品展現的是正在打棒球的牧師。科隆博托·羅梭[197]的作品是海面升起的洛磯山脈；還有萊昂納多·克雷莫尼尼[198]創作的抽象畫〈內布拉斯加〉[199]。上述作品先在羅馬的方尖碑美術館[200]展出後才運到美國。直至今日，這些作品已先後在美國和南美

---

[194]　奧爾多·帕格里亞奇（Aldo Pagliacci，1913-1991），義大利藝術家，其藝術風格融合了傳統與現代元素，常常探索人類情感和自然界的關係。他的作品通常以鮮豔的色彩和生動的形態著稱，展現出他對光影和空間的敏銳感知。
[195]　即 St. Patrick's Cathedral。
[196]　尼諾·卡菲（Nino Caffe，1908-1975），義大利藝術家，其藝術作品常常圍繞著人類的情感、社會現象以及自然景觀展開。他的繪畫和雕塑都體現了對細節的關注和對形式的探索，展現出他對藝術的深刻理解和獨特視角。
[197]　科隆博托·羅梭（Colombotto Rosso，1925-2013），義大利畫家，以其獨特的藝術風格和對超現實主義的貢獻而聞名。
[198]　萊昂納多·克雷莫尼尼（Leonardo Cremonini，1925-2010），義大利畫家，其作品常常融合表現主義和超現實主義的元素。他的畫作通常展現出夢幻般的場景，充滿了奇異的形象和情感。
[199]　即 Nebraska。
[200]　方尖碑美術館（L'Obelisco Gallery），一家位於義大利羅馬的畫廊，以展示和推廣現代及當代藝術作品而聞名。

洲多地展出。

正是源於這次嘗試，我日後設立了「赫蓮娜‧魯賓斯坦旅行藝術獎」，每年資助一位志存高遠的澳洲藝術家，以此感謝這個國家當初對我的幫助。

儘管阿爾奇爾和我對繪畫的品味相同，但有時我倆會因為我的衣著產生分歧。

「妳應該穿黑色禮服，赫蓮娜，搭配鑽石和貂皮大衣。」一次，他用略帶命令的口吻說。

「戴鑽石顯得冰冷，」我反駁，「穿皮草又顯得太熱。我剛買的那件繡著金線和珍珠的翠綠色錦緞禮服，我要穿那件。」他剛開始很生氣，直到看到穿上身後的效果，就不再固執己見了。

我一向不喜歡穿黑色。我覺得有很多女性喜歡黑色，尤其隨著年齡增長，她們越來越喜歡黑色。其實淺色系，包括白色，更適合年長的女性。事實上，淺色系衣服搭配精緻眼妝，能讓所有年齡層的女性減齡。

對珠寶我也有自己的喜好。我喜歡尺寸大、顏色豔麗的寶石，並不在乎它們的價值。此外，我對精美的傳統鑲嵌工藝也情有獨鍾。

我認為除了香奈兒小姐，只有已故的伊迪絲‧西特維爾

第 7 章　藝術與收藏—我的美學品味

夫人[201]善於藉助珠寶彰顯個性。我為此非常欽佩她。有一次她到美國，我和她共進午餐。我倆剛步入飯店，立刻成為眾人焦點。那天，她穿一件中世紀禮服，而我的禮服充滿東方元素；我倆都是珠光寶氣，除了異域風情的大尺寸寶石、大小不等的珍珠項鍊、鑲嵌祖母綠的大克數純金項鍊，還有巴洛克式大號胸針。「我到哪裡都要用行李箱帶著我的珠寶。」她邊說邊咯咯笑。「有一次我去演講，剛下火車行李箱就壞在站臺上，裡面的東西散落一地。有人拍下了當時的場景 —— 我周圍一片狼藉！標題如下:『著名英國女詩人來了，一起來的還有舞臺道具。』」

　　女性對於珠寶的選擇相當程度可以展現其個性。如果我身材高挑、曼妙，我也許會選擇小巧、精緻的飾品。但我個子不高，喜歡簡約風格服飾，我覺得應該選擇色彩斑斕的大尺寸寶石。我的髮型也很簡單，正好可以跟項鍊和長款耳墜形成反差。

　　曾經，我透過佩戴絢麗奪目的珠寶讓自己獲得自信（那些年，身為女人，想在男人的世界裡打拚奮鬥太難了！）。儘管如今的我已不需要靠珠寶提升氣場，但我知道，在許多人腦海中，這些異域風情的珠寶已經與赫蓮娜·魯賓斯坦的「形象」連繫在一起，或者說，成為我的代表。既然我始終在追

---

[201]　伊迪絲·西特維爾夫人（Dame Edith Sitwell，1887-1964），20世紀英國著
　　　　名的詩人和評論家，以其獨特的文學風格和對現代詩歌的貢獻而聞名。

求美，我就應該繼續佩戴。

多年來，我一直困惑應該如何存放珠寶。既方便隨時取用，還要提防被人偷走。起初，我將珠寶放在床下波道夫・古德曼[202]化妝盒裡。後來，兒子羅伊買給我一個小型保險箱。但我對機械設備一竅不通，而且老是記不住密碼，只能將密碼寫在紙上，放在保險箱附近。必須補充一點：我個人物品往往雜亂無章。而且情急之下，我還非常容易煩躁。後來，我的好友，也是我公司的員工——薩拉・福克斯[203]幫我找到了完美方案。她為我買了一個有許多抽屜的大型儲存櫃。標記「D」的抽屜存放所有鑽石（diamonds）；標記「E」抽屜裡存放綠寶石（emeralds）；「P」代表珍珠（pearls）；「R」代表紅寶石（rubies）；「S」代表藍寶石（sapphires）；「T」代表黃寶石（topaz）。這就是我的錦囊妙計。

---

[202] 即 Bergdorf Goodman。
[203] 即 Sara Fox。

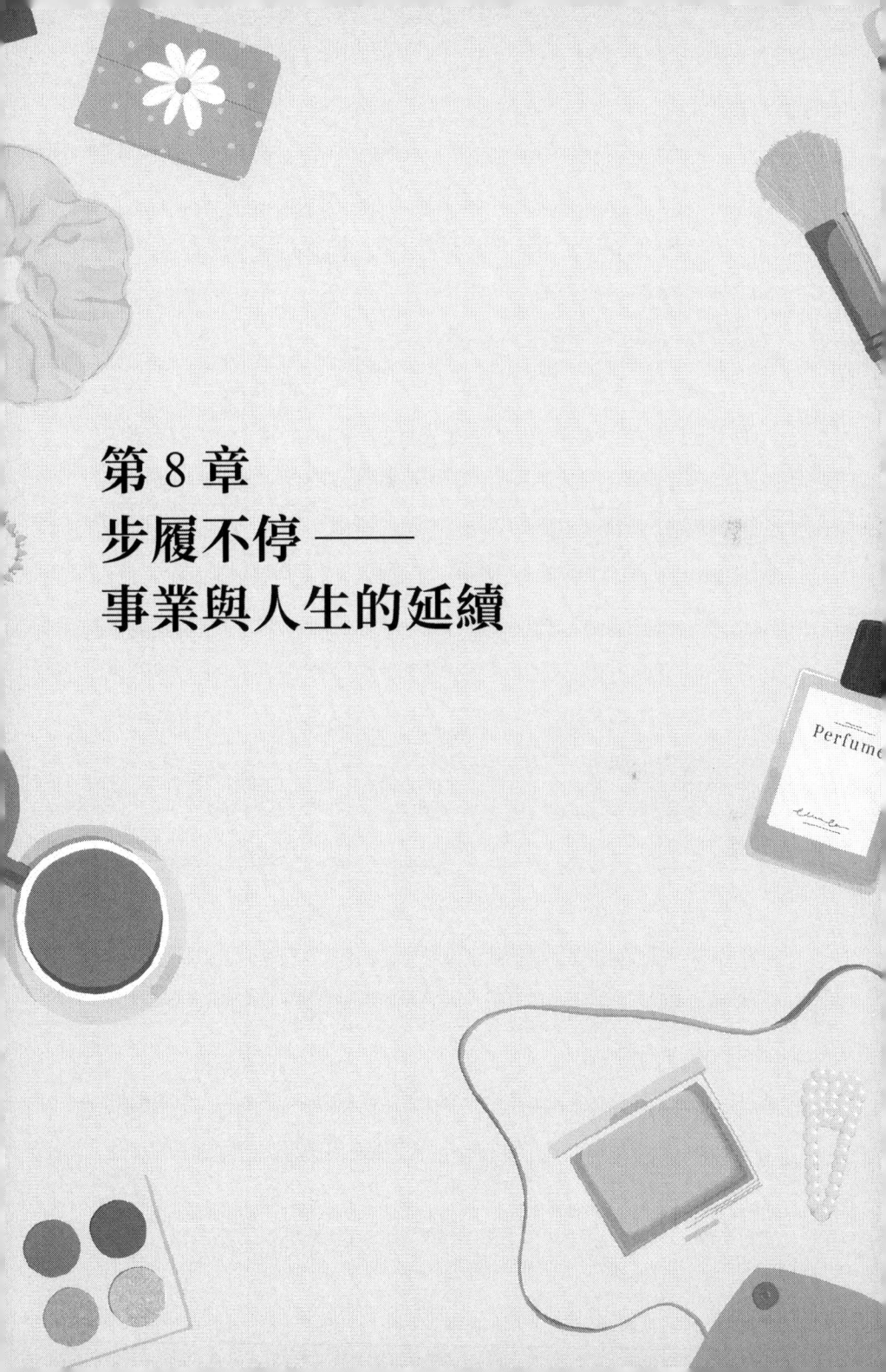

第 8 章
步履不停——
事業與人生的延續

1956年春，我從紐約飛到巴黎。像以往一樣，在巴黎等阿爾奇爾乘船和我會合。但這次他爽約了。羅伊告訴我，阿爾奇爾突發心臟病去世了。

我不知所措、傷心欲絕，獨坐在白求恩碼頭眺望全世界最美的景色。大多數女性失去丈夫後都會如此，但我絕不能。阿爾奇爾那麼熱愛生活！我倆有那麼多的計畫，還有那麼多事情準備一起實現。後來我才知道，醫生曾多次提醒他注意病情。但他選擇無視醫生的提醒，免得讓我擔心。

有一段時間我真的不知如何是好，我想馬上飛回美國，但又不想踏入傷心之地，我在兩個選擇間左右為難。巴黎當地醫生讓我服用強效安眠藥，藉助鎮定劑平復心緒，臥床休息。我幾乎與外界隔絕長達一個月，只有1～2個家人、忠誠的祕書還有貼心的員工能見到我。

幸運的是，隨著時間的推移我想重返工作。我需要回覆郵件，還有些要事等我決定。但我對古利埃里男裝之家已萬念俱灰，那裡是阿爾奇爾和我所有夢想的起點。我發電報給羅伊，讓他賣掉古利埃里大樓，我無法帶著當初的回憶再次踏入這棟大樓。

我收到一個緊急電話，請我去趟羅馬。之後，我又和助理派翠克·奧希金斯[204]從羅馬前往以色列，他已跟隨我多

---

[204]　派翠克·奧希金斯（Patrick O'Higgins, 1922-1980），作家和攝影師，以其與著名化妝品巨頭赫蓮娜·魯賓斯坦的密切關係而聞名。奧希金斯在1950

第 8 章　步履不停—事業與人生的延續

年。我想親眼看看這個令人神往的新國家。與我同行的還有瑪拉的妹妹,也就是我的姪女 —— 雷切爾[205]。她自幼離開波蘭,住在荒山裡的集體農場,那片土地原屬於巴勒斯坦,後來劃給以色列。二十多年來,她一直在約旦邊境的農場工作,歷經千辛萬苦。我曾多次讓她跟我去美國。儘管心懷感激,但她每次都跟我說:「我熱愛這片土地,我絕不離開。」

再次見到雷切爾和她幸福美滿的「薩布拉」[206]一家後,我重拾對未來的希望,也從失去阿爾奇爾的痛苦中走出來,重獲理智。有些民族一生都在追求建立幸福美滿、自給自足的共同體,我被這種精神深深打動。這些人勤勤懇懇、歡歌笑語,滿懷誠意地歡迎我和我的愛爾蘭助理派翠克,這讓我倆非常感動。幾個月以來,我第一次露出笑容。

離開以色列前,我暗下決心,將來一定要在那裡建一座紀念館,慶祝這裡剛剛獲得的和平。如今,坐落在特拉維夫市的赫蓮娜・魯賓斯坦藝術館[207],正是我為了表達對以色列欽佩之情獻上的賀禮。同時,它也表達我對雷切爾及其家人以及眾多和他們一樣的先驅的敬仰。這些人為實現自由的夢想付出了太多。

　　　　　年與魯賓斯坦相識,隨後成為她的個人祕書、公共關係助理、保鏢和社交主任,直到魯賓斯坦於 1965 年去世。
[205]　即 Rachel。
[206]　「薩布拉」(Sabras),指土生土長的以色列人,象徵著堅韌與適應力。取自當地一種外殼堅硬、果肉綿軟香甜的仙人掌。
[207]　即 Helena Rubinstein Art Pavilion。

離開以色列後，我們繼續環遊世界。我依舊在尋找慰藉，希望新國家和新面孔能幫我沖淡對過去的回憶。我們飛往世界各地。在遊覽印度、泰國和馬來半島的建築奇蹟後，我們最終抵達日本。

我一直嚮往遠東，尤其日本。這片土地的女性已經一定程度上形成了其獨有的女性特質。這幾乎是所有西方文明都無法比擬的。當然，我也是個現實主義者。每當我在世界地圖上檢視公司的全球分布和經營情況時，我發現日本仍然是未境之地，頓感如鯁在喉。我一直想在那裡投資建廠。在東京考察數日後，我覺得投資建廠恰在此時。許多日本本土化妝品品牌間已形成激烈競爭，有些品牌的年產量甚至超過了赫蓮娜美國公司。這些挑戰正是我需要的。此外，我遇到的幾位日本女性也給了我很大鼓勵。她們堅稱，赫蓮娜品牌的保養理念和產品更適合她們的皮膚，遠勝日本本土品牌。

在東京的三週裡，我忙著跟意向合夥人、律師、銀行家會面洽談，一刻也不得閒。日本人極為謙遜，很難了解他們內心的真實想法，尤其對西方人來說更為不易。而且日本男性不習慣跟女性做生意。好在我虛長幾歲，算得上「媽媽桑」了，對方也得給我幾分薄面。很快我們就確定了合夥人，簽訂合約，並草擬公司架構。即便如此，我們仍然用了四年時間才開始在日本銷售赫蓮娜系列產品。但此舉卻填補了全球分布的空白。我堅信，假以時日，赫蓮娜一定能在日本這個

全球人口最密集的島嶼上聲名鵲起。

環球之旅的目的主要是為了沖淡我的喪偶之痛，不想禍不單行，我剛回來，小兒子賀拉斯也永遠離開了我，而且這次還是毫無徵兆。他才 40 多歲，突發心臟病在紐約去世。賀拉斯一直是我生命中的快樂泉源，他繼承了他父親的魅力和英俊外表，儘管他也有缺點，但我非常欣賞他的機敏聰慧。我倆在性格上很像 —— 衝動、熱情似火，但有時容易上當。我非常寵愛賀拉斯。他善解人意。我們一起工作時，偶爾會產生分歧，但最終都能達成一致。他從小就知道怎麼「拿捏」我，這對我來說太有趣了，簡直無以倫比。

阿爾奇爾和賀拉斯相繼離去，雙重打擊讓我覺得生無可戀。這次，醫生和鎮定劑都不管用了。接連幾週，我依舊每天早上來到辦公室，這是我堅持一生的習慣。但以往我都會打開辦公室大門，方便員工隨時進來；但如今我卻緊閉大門。我整天渾渾噩噩地坐在辦公桌前無所事事，躲在辦公室裡鬱鬱寡歡。要不是家人和很多下屬故意找點日常瑣事讓我處理，我恐怕根本無法堅持下去。

最終點醒我的是我的合夥人，也是我的朋友，她曾經深愛賀拉斯。她嚴肅地告訴我：「赫蓮娜，妳不能再這樣下去了，妳是領頭羊，妳得告訴我們接下來怎麼做。」

此後十年，苦楚逐漸淡去，隨之而來的是新問題和新挑

戰。而且我還時常發現，隨著年齡增長，健康問題也越來越多。

如果說我在前文中並未過多談及疾病，那是因為我向來不願面對消極。我討厭妥協，但也曾數次因為身體出現問題，無法下床、穿衣和出門，才不得不選擇休息。近幾年這種情況越發頻繁，身體很難達到最佳狀態，畢竟我已經九十多歲了。幾年前的一次大手術似乎成為我人生轉捩點。當時醫生說情況不太樂觀，但我康復了。是意志力？是我對生活的熱愛？還是我從小就體格強壯？重要的是，如今我還活著。其實一切都是冥冥中注定。我時常默默祈禱「親愛的上帝，請賜予我健康，讓我完成必須完成的事業」。

直到現在，無論我身在倫敦、巴黎、紐約或是其他城市，我始終堅持每天到辦公室。每週我都會開車前往工廠，和藥劑師在實驗室裡一起工作。即便現在，每當見證新產品問世、嘗試全新香水、試用最新研發的面霜或乳液時，我依然會興奮不已；我也會滿含熱情地與員工們分享工作的喜悅。最讓我激動的是看著產品不斷完善更新，最終推向市場。每套配方都調配了數以百計經過品牌認證的赫蓮娜·魯賓斯坦製劑。我們以此向全世界女性宣布，赫蓮娜公司兌現了當初的承諾。

如今我很少外出旅行，但我依舊喜歡和家人朋友們一起打橋牌或者吃頓美食。說真的，現在我每天躺在床上的時間

更多了。我常常想,當初我每天只睡幾個小時絲毫不覺得疲倦,年齡增長也絲毫沒有影響。即便現在,我在很多人眼中仍然是「日理萬機」。我醒得很早,然後開始新的一天。我在床上吃早餐、看報,饒有興致地瀏覽郵件,哪怕只是通知。

等到八點半祕書過來,我們一起查閱當天郵件。信件對我來說,不僅是溝通方式,更是人與人之間緊密連繫的橋梁。我認真閱讀每封信,盡可能在回信中解答問題,除非有些問題需要進一步研究討論。在我和祕書處理郵件這段時間,兒子羅伊、姪子奧斯卡・科林還有我在美國的首席律師哈羅德・威爾[208]也經常出現。我們在臥室圍繞公司重要事宜進行非正式討論。他們幾個都住在附近,所以在我家開會非常方便。從前,我們一早到辦公室,也要先開個例會。之前正式的辦公會議往往有區域經理、銷售經理、平臺經理等不同層面的員工參加。或許因為如今的會議形式更為自由,所以我們有時甚至會比之前正襟危坐地開會取得更多結果。

多年來,我一直喜歡開小會議。我討厭大型會議,因為每次開會好幾個人同時發言都是在浪費時間。而小範圍討論,無論是和化學家研製配方,和藝術總監、文案人員討論廣告推廣,還是和會計師商議公司帳目、準備財務報表,每次都能帶給我愉悅,而且記憶猶新。但隨著公司業務發展,不可避免會有越來越多的人加入。我為組織壯大感到驕傲。

---

[208] 即 Harold Weill。

我畢竟是個「大家長」——但根據以往的經驗，我們往往在人少的時候效率更高。

早上醒來後，我通常會躺在床上跟朋友或合作夥伴通話（除非提前預約，需要起床梳洗打扮）。10 點左右起床，然後洗澡、化妝。我並不喜歡電話。直至今日，我仍然經常撥錯號碼。但我一直使用電話，因為我必須藉此向周圍人傳遞一種態度：我跟他們步調一致。

我會在洗澡時將自己浸泡在浴缸中（我喜歡在水裡加幾滴香水），選擇一款不錯的保溼面霜護膚，同時做點簡單的伸展運動熱身。浴室內的蒸汽能強化面霜的保溼功效，軟化皮膚（有助於底妝、腮紅和粉底塗抹均勻），打造自然妝效。化妝時，女侍會幫我將頭髮梳成最普通的髮髻。我曾經不止一次想嘗試更具造型感的髮型，但我對外表總是缺乏足夠耐心。更何況每天還有那麼多事需要處理，還有那麼多人要見，時不我待啊！

阿爾奇爾和賀拉斯去世後，我發現自己無法在一個地方待太久。比如 1959 年，我非常開心地接受美國國務院邀請，代表美國化妝品產業出席在莫斯科舉辦的美國國家展覽會。明知道此行舟車勞頓，但對我來說卻是一種解脫。此行也至關重要，因為我們要向廣大俄羅斯女性展示自己的美容文化和化妝技巧。儘管我不是政客，但我始終相信，只有「美」才

第 8 章 步履不停—事業與人生的延續

能跨越意識形態的溝壑。多年前我從阿爾奇爾那裡學的幾句俄語,加上姪女瑪拉的得力協助,還有一群會講俄語的美國美容師做示範講解,相信我們一定能向俄羅斯女性傳遞友誼的訊號 —— 反過來,這也必將對那些精明的男政治家們產生影響。

在展覽會正式開幕前幾天,我們抵達莫斯科。我上次訪問俄羅斯還是 1936 年史達林「大清洗」期間。當我們踏上俄羅斯的土地,有一瞬間,我覺得既興奮又窒息。

對於和我一樣的波蘭人來說,俄羅斯代表大國,曾經那麼強大卻又邪惡。當我們一行人在夏日暮色中抵達莫斯科之際,我就感受到這種氛圍。但我沒有告訴別人。我們受到熱情的歡迎。但過海關時,我們的護照和機票被快速收走,這讓我非常擔心。更糟糕的事還在後頭。我們一行七人,瑪拉、妹妹塞斯卡、還有幾位同事。但不知道什麼原因,被安排住在不同酒店。這讓我們之間無法溝通,因為我們搞不懂俄羅斯電話怎麼用,翻譯們好像總是在最需要他們的時候不見人影。但我絕不允許受制於人。第一天晚上,我就獨自到酒店餐廳,吃了一頓算得上最高級的晚餐。魚子醬、羅宋湯[209]、基輔雞卷[210],香氣四溢、新鮮出爐的烤麵包,還有美味冰淇淋。儘管每道菜都非常可口,卻讓我足足等了 2 個小

---

[209]　即 Russian borscht。
[210]　即 chicken a la Kiev。

時。最終,其他六位都到齊了。我們幾個坐在這間裝修富麗堂皇、但缺少人氣的餐廳,用克里米亞香檳[211]慶祝我們順利抵達還有今晚的團聚。當時我很清楚,無論遇到什麼困難,儘管莫斯科之旅充滿挑戰,但同時也激動人心。

幾天後,博覽會在索柯爾尼基公園[212]正式開幕,俄羅斯總理赫魯雪夫[213]和美國副總統尼克森[214]出席了開幕式。我記得當時我們走了很遠,穿過一片傘形松樹林,才到達赫蓮娜·魯賓斯坦藝術館。萬事俱備。幾位會講俄語的美容師身穿潔白的工作服,面帶笑容地站在櫃臺後。櫃臺上擺滿我們的產品,還有特地譯成俄文的美容宣傳冊。我和她們在一處,小聲鼓勵她們,同時觀察活動進展。不久,有人請我到臺上就坐,但我不想離開大家、高高在上。我更想和員工以及圍觀的俄羅斯女性在一起,這會讓我感到自豪,非常有安全感。

赫魯雪夫總理和尼克森副總統在參觀過程中只是匆匆瞥了我們一眼。他們有更重要的事要做。看著不大的展臺前圍攏著一群群女性,我當時在想,政治家走走停停,但女士卻

---

[211] 即 Crimean champagne。

[212] 索柯爾尼基公園 (Sokilniki Park),位於俄羅斯莫斯科,是一座歷史悠久且風景如畫的城市公園,面積達到 515.7 公頃,是莫斯科最大的公園之一。公園的名字源於 17 世紀的索科爾尼基區,曾是沙皇的狩獵場,尤其以獵鷹活動而聞名。著名畫家列維坦的〈秋日〉在此完成。

[213] 赫魯雪夫 (Khrushchev,1894-1971),曾任蘇聯最高領導人、蘇共最高領導人、蘇聯共產黨中央委員會第一書記及蘇聯部長會議主席等重要職務。

[214] 尼克森 (Nixon,1913-1994),美國政治人物,曾於 1969 ～ 1974 年間擔任第 37 任美國總統,1974 年時成為美國歷史上唯一一位在任期內辭職下臺的總統。尼克森曾於 1953 ～ 1961 年間擔任第 36 任美國副總統。

第 8 章 步履不停—事業與人生的延續

絡繹不絕⋯⋯她們渴望獲得美容資訊還有我們提供的化妝品樣品,這讓我感動不已。一位儀態端莊的的中年女性突然出現在我身旁,她匆匆忙忙地低聲告訴我,她是阿爾奇爾的表妹。她還告訴我,能見到我對她來說非常重要;同時了解美國最先進的美容技術,對於俄羅斯女性來說意義非凡。說完這些她就走了,消失在人群中,我再也沒有看到她。但此次俄羅斯之行,能在工作之餘見到阿爾奇爾未知姓名的表妹,儘管來去匆匆,但遠比官方給予的所有讚譽更有意義。

從俄羅斯回來後,我又開始變得焦躁不安。我想在倫敦安家,這種感覺非常強烈。早年的許多幸福時光我都在倫敦度過,包括第一任丈夫和兩個兒子(他們都是土生土長的倫敦人);還有妹妹塞斯卡,如今她負責英國業務。我想,如果能在英國安家就能重溫舊日時光。日常瑣事也能讓我忙碌起來,沒時間胡思亂想,尤其是自己的事。

而自從在倫敦安家後,我每到一處都會發現英國已蛻變成了不起的創新中心,接納一切新思想。在倫敦我感覺自己彷彿重返青春。如果有年輕人的身材,我肯定會在倫敦買許多衣服,因為每件衣服都非常時尚。或許是因為我厭倦了巴黎沒完沒了的時裝秀、讓人精疲力盡的試穿還有離譜的價格。英國讓我欣賞的不僅是服飾,還有瀰漫在空氣中務實的精神。在藝術領域,英國畫家,哪怕是「流行」畫家,都會讓我產生重新收藏當代作品的想法。倫敦的電影院、圖書、

雜誌，甚至報紙都能給我很大啟發。但幾年前我最欣賞的其實是英國在當代室內設計和裝飾方面的成就。我希望住在倫敦，我想在那裡重新為自己打造個新家。

我用了幾週時間才找到合適的公寓，心中默默告訴自己，有多少女性和我經歷相同的痛苦！在許多方面，錢無疑是一種財富。但大眾對於個人財富的了解，就如同普通家庭主婦面臨手頭緊張一樣麻煩。我大概看過上百間公寓，從格羅夫納廣場[215]最奢華的公寓到獨具風格的「另類」公寓——每棟都非常漂亮，儘管有些公寓存在諸多不便，但每棟都價格不菲。最終，在塞斯卡和經驗豐富的倫敦經理——鮑里斯·福特[216]的幫助建議下，我們在騎士橋[217]一棟愛德華七世時期的建築中找到了兩層公寓。雖然布局一般，但我知道只要稍加改動，就會有無限可能。

我曾不止一次地萌生產品包裝的最初創意，敲定廣告策劃的整體架構，洞悉如何在破舊老房子或荒廢土地上大有所為。多年來我對此早已經驗豐富；儘管諮詢師反覆勸說我騎士橋的那間公寓前景不樂觀，但我依然喜歡，而且我覺得可

---

[215]　即 Grosvenor Square。
[216]　即 Boris Forter。
[217]　騎士橋（Knightsbridge），倫敦市中心西部的一個地區，主要道路為布朗普頓路。騎士橋地區還包括一些毗鄰的街道：斯隆街向南到蓬街（Pont Street）路口，以及布朗普頓路向西南到比徹姆廣場（Beauchamp Place）路口。該區以超昂貴的住宅區，以及高級商店的密度（例如著名的哈洛德百貨公司和夏菲尼高）而著稱。

第 8 章 步履不停—事業與人生的延續

以做點有趣的嘗試。

我非常幸運地遇到了一位才華橫溢的年輕設計師，他給我信心。我在老朋友弗勒·考爾斯[218]的奧爾巴尼公寓裡見到大衛·希克斯[219]。他率真、熱忱以及對裝飾風格的清晰思路引起了我的興趣。我們約好一起去騎士橋看房，他現場畫出草稿，呈現整體思路。我當即簽下合約，並委託希克斯先生負責整棟公寓的改造和裝修。

與紐約和巴黎其他住所相比，騎士橋公寓精緻緊湊。有三間臥室，客廳兼具餐廳功能。這絕對是一個現代化公寓，所有可以節約人力的設備應有盡有，無需太多人打理。我非常喜歡客廳的紫色牆壁，正好可以掛些抽象畫。我也喜歡屋內的青銅和玻璃材質隔斷，擺上我收藏的非洲雕塑，再搭配上方射燈，熠熠生輝，渾然天成。但我和很多女性差不多，對廚房不滿意。櫥櫃很窄，儲物空間有限；燈光亮得有點刺眼。我真希望希克斯先生能像我一樣，虛心向對方學習。身為設計師，他不光要考慮客戶的品味，還應該了解家庭主婦的實際需求。

倫敦新家裡最讓我滿意的就是小遮陽露臺。除了有花團

---

[218] 弗勒·考爾斯 (Fleur Cowles, 1908-2009)，美國作家、編輯和藝術家，以其創辦的短命雜誌《Flair》而聞名。

[219] 大衛·希克斯 (David Hicks, 1929-1998)，著名的英國室內設計師，以其獨特的設計風格和對色彩、圖案的大膽運用而聞名。他被認為是 20 世紀最具影響力的室內設計師之一，對現代室內設計產生了深遠的影響。

上篇　我的人生

　　錦簇的灌木叢，還可以將海德公園鬱鬱蔥蔥的美景盡收眼底，眺望奇幻浪漫的天際線點綴著無數煙囪、令人驚訝的新式玻璃建築，以及遠端幾處教堂的精緻尖頂。我喜歡在黃昏時分坐在這裡，竭盡全力地思考、審視、規劃自己未知的將來。想到死亡，我和同齡人一樣恐懼。此外，我一直在意當下生活，我無法想像來世。我不能說自己信教，但我始終相信「今世因，來世果」。福報還是劫難？這些話題太沉重了，我老了，玩不起了。

　　儘管我常說不喜歡回顧過去，那我又為何要寫這本書呢？倒不是為了講述我的人生故事，也不是為了記錄一生，而是身為一位老師，我覺得在正式講授美容知識前有必要做一個導讀。接下來的內容，我希望跟所有想要充分展示自我的女性分享。

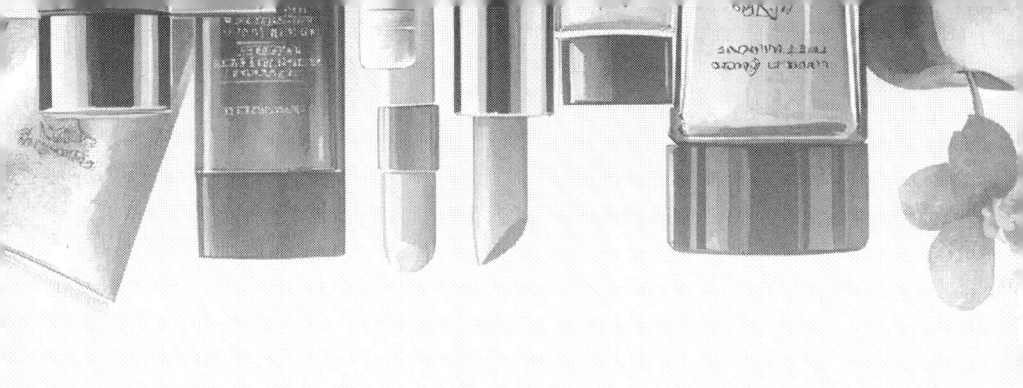

下篇
美麗的力量
（美容與身心養護指南）

下篇　美麗的力量（美容與身心養護指南）

第 1 章
美的真諦──
從內而外綻放光彩

下篇　美麗的力量（美容與身心養護指南）

　　成功有許多標準。回顧自己在美容產業七十多年的奮鬥，我相信我的成功主要源於幸運、勤奮和毅力。但無論生活還是事業，所有事情都無法全靠自己完成。我贊同美國人對「團隊合作」的深刻理解；我知道，如果沒有家人、成千上萬敬業的員工還有各行各業好朋友在不同階段的幫助，我永遠不可能完成這一壯舉——從澳洲墨爾本僅有一個房間的美容沙龍起步，逐步發展成為業務覆蓋全球的美容帝國。

　　我願意與家人、同事（我也將他們視為家人。無論是高級主管還是那些被我稱為「小姑娘」的年輕實習生）分享自己最大的喜悅：我們為全球女性的幸福做出應有貢獻。我們循序漸進，讓女性了解美，教她們開闊視野，發現自身潛力；我們還不斷研發產品幫助女性展現美。

　　當然，任何致力於美容保養的品牌必須具有強烈的內驅力和發自內心的使命感，去創造最完美、最有效的產品。如果我說自己的產品獨一無二，那就太狂妄了。許多口碑不錯的化妝品公司都推出優質產品。因此我會告訴向我諮詢的女性：「選擇最適合妳的！選好了就堅持下去！」

　　在接下來的部分，我將向各位推薦幾款我信任的美容產品，並教妳如何使用才能達到持久的最佳效果。

　　我非常希望能幫助大家建立規律的美容保養流程。首先必須是養成健康的生活習慣。健康是第一位。美其實不難，

第 1 章　美的真諦—從內而外綻放光彩

就是樹立正確態度,然後付諸於行動。

多年來,我始終問自己一個問題:「為什麼勸精緻女性再做點什麼很容易,而讓一個相貌平平的女人做點什麼這麼難?」

比如,為何伊莉莎白・泰勒[220]承認自己每天花一個半小時穿搭(我曾在攝影棚裡見過她,她當時穿著戲服,儘管素顏,頭髮也有點蓬亂,但看起來卻仍然漂亮,就連在她身邊走來走去的攝製組人員都很興奮);而一個相貌並不出眾、本應投入更多時間的女人,卻只用十分鐘打扮自己?

答案其實在個人。問題很簡單,主要是態度消極和懶惰。

說起來容易,做起來難!許多女性都夢想變美,希望自己擁有令人駐足的外表,讓路人猜想:「她是誰?這個女人太漂亮了!」

沒錯,她們都希望能毫不費力地實現這個夢想。但生活絕非如此簡單,即便在美這個問題上,也必須先有付出才會有所收穫。大家必須明白,讓自己變美需要花時間、花心思,還要付出努力——但權衡之後,妳一定不會覺得付出太多。難道為了變美不值得付出點努力嗎?

---

[220]　伊莉莎白・泰勒(Elizabeth Taylor,1932-2011),英國及美國著名電影演員,在其電影生涯得過兩座奧斯卡最佳女主角獎,先後被金球獎、英國電影學院和美國電影學會頒發終身成就獎。她亦因慈善事業獲得奧斯卡人道精神獎和受英女王頒發大英帝國勳章。

145

下篇　美麗的力量（美容與身心養護指南）

在本書第二部分，我將分享自己的「美容寶典」。其中囊括全球赫蓮娜美容沙龍採用的最佳美容保養理念和方法。有些是全新的；有些沿用多年，因為其功效已得到證實，無需質疑。我對這些內容深信不疑。因為我已親眼見證了上述方法帶來的顯著效果，當然，前提是必須定期保養且不間斷。

美容保養沒有祕密。我們必須共同努力，重新理解這些知識，並付諸於實踐。這些是能為妳開啟一個全新世界，一個充滿無限可能、擁抱最佳美容保養效果的世界。

無需見面，甚至都不用看妳的雙眼，我就能讀出妳腦海中閃過的小疑惑。曾經不止一次有女性跟我說：「您真能改變我的皮膚嗎？我試過所有方法，都不管用。」還有女性說：「魯賓斯坦夫人，您不知道我因為頭髮多苦惱。簡直無藥可救！」

還有的人一言不發，對內心的焦慮和擔憂三緘其口。她們徬徨地走進美容沙龍，四處張望，心存疑慮。但目光裡始終期待被說服，朝著美的方向邁出第一步。這些顧客讓我想起世紀之交我初到澳洲時遇到的那些女性，她們的皮膚被烈日灼傷，早已失去在歐洲時迷人的水樣肌膚。但用過我的護膚霜後，她們突然又看到了一絲希望。

當女人覺得自己相貌平平，一定是有某個人或者某件事讓她產生如此想法。我們必須像清除雜草一樣將這種想法連根拔起，並重新播種一顆嬌嫩的種子──希望；甚至要播種

比希望更加強大的種子 —— 信任、信心和信念。

多年來，我始終幫助女性尋找屬於她們的美麗財富。而且這麼多年，我從未遇到真正在乎自己樣貌，願意為之努力卻最終失敗的案例。

下面列舉幾個阻礙女性變美的根本原因（賀拉斯稱之為「精神枷鎖」）。

- 將美貌等同於罪惡。
- 認為美女只應天上有，不會在人間。
- 自私的母親，為了獨享他人讚美，向女兒灌輸其相貌平平的觀點。
- 敏感期被兄弟姐妹打擊嘲笑，不願關注外表。
- 我經常在社交場合遇到這樣的男性，他們會走過來笑著跟我說：「告訴我，妳真能徹底改變一個女人嗎？」當我點頭表示可以後，男人們常常會這樣譏諷說：「或許我應該把我的妻子送到妳那裡去。」
- 我不厭其煩地跟這些半信半疑的男性解釋：我們重塑女性外表絕不是替房間鋪桌布或翻新家具，實際上我們是努力幫女性發現自我。我們會安排系列活動讓女性煥然一新，幫女性養成良好的保養習慣和全新模式。如果足夠幸運，信念這顆種子就會在女性的身體裡生根發芽，美麗自然會水到渠成。

下篇　美麗的力量（美容與身心養護指南）

- 我們在紐約美容沙龍推出「美麗日」[221]特色活動，讓女性體驗全套護理效果，讓她們親眼見證八小時皮膚保養、化妝、調節血液循環和健康飲食到底效果如何。對於那些平日忽略自身潛質、疏於打理的女性來說，往往是喜悅之情溢於言表。忽然看到全新自己居然如此光彩照人，她們會期待變得更美。如今事實就擺在眼前，她們有無限可能。

- 我想起芝加哥美容沙龍經理曾經講過一個故事：一位年輕女記者為了撰寫報導，經常到美容沙龍收集美容素材。令人費解的是，儘管她報導美容，但她本人卻從不化妝，也不做髮型，而且對時尚漠不關心。美容沙龍經理終於忍不住問她：「惠蒂爾女士，能告訴我妳為什麼不打扮嗎？妳不贊成化妝？」「我長得太普通了，做什麼都無濟於事，只不過恰好負責美容類文章罷了。」聽到記者如此回答後，美容沙龍經理不知所措。

- 女經理告訴我，她當時無言以對，但她努力掩飾驚訝，然後追問那位記者：「妳有時間在美容沙龍待一天嗎？我想讓妳看看妳到底有多美。」

- 「當然可以，」年輕記者說，「但請相信我，妳這是在浪費時間。」

- 當天，她接受了人生第一次美容保養。我們首先幫她做

---

[221]　即 A Day of Beauty。

第 1 章　美的真諦─從內而外綻放光彩

全套臉部護理。儘管她的臉部從未保養，但皮膚非常細膩。面膜能幫她突顯膚色和膚質。接下來，我們替她上一層薄薄的粉底，再由大師精心為她打造妝容。（這位 25 歲的女孩居然從沒用過粉底，真是難以置信。）她的棕色頭髮稍帶金色，充滿光澤，專業的髮型師將其設計成經典的休閒波浪髮型。之後，我們還為她做全身按摩。隨著血液循環改善，她的膚色明顯提升，眼睛也變得炯炯有神。

◆　「美麗日」體驗結束，這位女記者簡直變了一個人。美容沙龍經理後來跟我說：「就連我都難以相信眼前的一切。」兩天後，當那位女記者氣喘吁吁地趕來跟女經理分享喜悅時，我們得到令人欣慰的結論：「醜小鴨成功變成了白天鵝」。她跟我們的經理說：「薩爾坦小姐，妳知道發生什麼嗎？在妳的幫助下我煥然一新，我已經和喜歡的人約會啦！他最近對我一直很冷漠，但那天他剛看我一眼就問：『到底發生了什麼？不，妳不用告訴我，繼續這樣就好，新造型簡直太美了！』」

◆　這或多或少可以作為經典的成功案例。當女性開始意識到頭髮缺乏營養，皮膚暗沉無光，身材稍顯臃腫，並打算為此做出改變時，她就已經向更高的美容目標邁出第一步。

◆　我知道妳現在想什麼。妳在替自己找藉口！妳會說：「美容沙龍有那麼多美容專家，她們當然能讓女性變美，但

149

下篇　美麗的力量（美容與身心養護指南）

我自己怎麼能做到呢？」經驗的神奇之處就在於它能幫住所有人發現問題的本質。我一生都致力於解決美容問題，我覺得我能一針見血地指明問題的關鍵所在。因此，無論情況如何，妳都可以追求變美。

- 我建議，首先做個自我評估。請先回答以下幾個問題：
- 妳覺得自己長相如何？回答前，我想先說一件事。大概三十年前，我在巴黎認識一位外交官的女兒。她經常在家中招待賓朋。朋友們都羨慕地誇讚她光彩照人，是真正的美女。但有一天，她跟我說：「魯賓斯坦夫人，我要擔心死了。妳看，我皮膚經常出油、頭髮不好整理、身材走樣、腳踝也很粗。妳能幫幫我嗎？我害怕丈夫不要我了。」
- 這太扯了！多虧我清楚其實大多數女性對於自己的外貌缺乏準確評價，否則我可能會當場大笑。即便是那些備受眾人追捧的女演員，也很少有人相信這一切其實跟外貌有關。因此必須客觀、誠實和坦率地評價自我。他人的評價確有可取之處，但自我評價能幫妳解決許多困擾。
- 妳真的長相平平嗎？還是比一般人好些？妳習慣別人對妳熱情嗎？或者妳真覺得此時此刻，除了五官，即便考慮其他因素，自己也算不上美女嗎？
- 下面是一份自我檢核清單，幫妳做出判斷：

第1章 美的真諦—從內而外綻放光彩

頭髮	濃密　柔順光澤　有彈性　易打理 稀疏　無光澤　細軟　缺乏營養
頭	比例勻稱　過小　過大 過長　過圓　偏頭
眼	大眼睛　炯炯有神　瞳色漂亮　長睫毛　眉毛整齊 眼睛小　眼距過窄　目光無神　睫毛稀疏　眉毛雜亂
鼻	直挺　精緻　勻稱　鼻孔狹長　高挺　翹鼻 鼻梁不正　大鼻子　形狀不規則　鼻孔大　鷹鉤鼻　朝天鼻
嘴	富有表現力 形狀美觀 大小適合 雙唇緊閉 上唇窄 下唇窄 上唇過厚　下唇過厚 大嘴　小嘴　歪嘴
皮膚	乾性　油性　中性　混合性　敏感性 粉刺　暗瘡　老化　白皙　透亮　柔嫩　光滑
下巴	恰到好處　有酒窩　沒有雙下巴　對稱 下巴突出（地包天）　下巴後縮　沒有下巴　汗毛重
頸部	優美　光滑　纖細　修長　線條明顯 消瘦　短　粗
肩部	一字肩　結實　斜肩 鬆弛　駝背
大臂	優美　結實 肌肉鬆弛
小臂	纖細　腕部勻稱　粗壯 肌肉發達　過瘦　手腕過粗
手部	光滑　富有表現力　優雅　手指修長 纖細　粗糙　笨拙　手指短　胖手
胸部	挺立　胸型優美　緊實 下垂　過大　過小　鬆弛

151

下篇　美麗的力量（美容與身心養護指南）

腰部	緊實　苗條　蜂腰 僵硬　粗壯　有贅肉
臀部	纖細　豐滿　緊緻　平坦　窄胯 粗壯　消瘦　鬆弛　厚實　寬胯
膝關節	平滑　堅實　纖細 粗糙　鬆弛　粗壯　僵硬
小腿	粗壯　肌肉發達　腿型彎曲　汗毛重 色斑　纖細 皮膚光滑
腳踝	骨骼小　纖細　靈活　骨骼大 粗壯　僵硬
足部	纖細　靈活　高足弓　沒有傷疤 矮胖　足弓僵硬　扁平足 雞眼　老繭　拇囊炎等

　　這份清單非常重要，請仔細閱讀。讀後妳就會輕鬆發現，其實自己和別人一樣，既有一定資質，也存在明顯不足。所有人都一樣。此外，妳還能找到通向美麗的康莊大道。

　　但了解自己並不容易。我有時也會犯錯，比如錯誤的穿搭；曾嘗試新化妝品，結果色號太淺；我甚至還佩戴過很醜的髮飾。我們都會犯錯，卻不願意承認犯錯！為了避免犯此類錯誤，我向妳推薦一個既有趣而且效果不錯的方法。雖然要花費數週，但妳一定能樂在其中且收穫滿滿，最終會讓妳覺得受益匪淺。

第 1 章　美的真諦—從內而外綻放光彩

　　準備一本剪貼簿，收集妳從雜誌和報紙上剪下的照片、文章和廣告，只要吸引妳的內容都可以。這本剪貼簿將帶給妳無限靈感！這不是我的原創。早在 18 ～ 19 世紀，許多對藝術敏感的女性都有整理「靈感」的習慣。但這種做法在當下社會已經過時。如今眼花撩亂的娛樂讓人難有空閒。

　　幾年前，我意識到剪貼簿這個辦法非常有效。在一次橫跨大西洋的旅行中，我偶遇了大西洋兩岸出鏡率最高、萬人欽佩的當紅時尚領軍人物，她就坐在我旁邊。

　　在漫長的飛行中，她樂此不疲地將從各類雜誌上剪下的照片和剪報黏在一本剪貼簿上。我問她為什麼這樣做。「這是我的祕密，」她回答。「黏貼剪報能讓我對時尚更敏銳，逐漸形成自己的風格！」

　　「幾年前，」她繼續說，「我突然對自己的樣貌非常不滿。選的衣服似乎全不適合我，對自己的髮型也不滿意。就連家裡也看起來死氣沉沉、缺乏想像力、毫無個性。有個週末，我看到一位朋友正在整理記事本，我覺得自己也應該這麼做。不同之處在於，我的剪貼簿裡貼的照片並不是朋友、假期、也不是值得留念的幸福時刻；我只記錄靈感 —— 女性的靈感。比如在雜誌上遇到喜歡的服飾，在報紙上看到漂亮的廣告，或者在法國小說中發現的原創美容祕訣。」

　　「但我為自己設定原則，我非常自律。我選的內容，必

須第一眼就徹底吸引我。收集了六個月後，我決定分析剪貼的內容。妳知道嗎，剪貼簿的每一頁都清晰反映我的個人喜好。比如，我對古典主義的熱愛始終如初：剪貼簿中有幾十張照片是關於希臘石雕[222]、褶襉禮服、古典髮型還有邁錫尼的黃金飾品[223]。」

「有了剪貼簿，我才意識到，我此前的服飾首飾和剪貼簿裡的內容簡直南轅北轍。我淘汰了90%的服裝飾品，為此省了一大筆開支。最重要的是，我對自己的審美有了清晰的了解，並且明確今後應該如何展現個人品味。」

既然連時尚達人──雷金納德·費羅斯夫人[224]都認同這個方法，妳不妨也可以試試。一個時代只會出現一位費羅斯夫人；身為偉大的個人主義者，費羅斯夫人的寶貴經驗應該被所有人分享，哪怕只有少數人。

我喜歡這件軼事，時常提及，因為這件事非常有教育意義。剪貼簿能展現自我潛意識的傾向，幫妳找到專屬風格──這正是時尚的本質，也是讓妳變美的祕密武器之一。但妳必須持之以恆，與時俱進。正如我常跟人說的那樣：妳必須堅持不懈。

---

[222] 即 Greek marbles。
[223] 即 Mycenaean golden Ornaments。
[224] 雷金納德·費羅斯夫人（Mrs. Reginald Fellows，1890-1962），法國著名的社交名媛和時尚偶像，《哈潑時尚》（Harper's Bazaar）法文版編輯。以其奢華的生活方式和對時尚的影響而聞名。

第 1 章　美的真諦—從內而外綻放光彩

多年來，我在每條廣告裡都要加上這句話：「沒有醜女人，只有懶女人。」[225] 我始終將其奉為圭臬，所以請你也牢記這句話。

接下來，我將為妳揭開無瑕肌膚的奧祕。

---

[225]　即 There are no ugly women, only lazy ones.

下篇　美麗的力量（美容與身心養護指南）

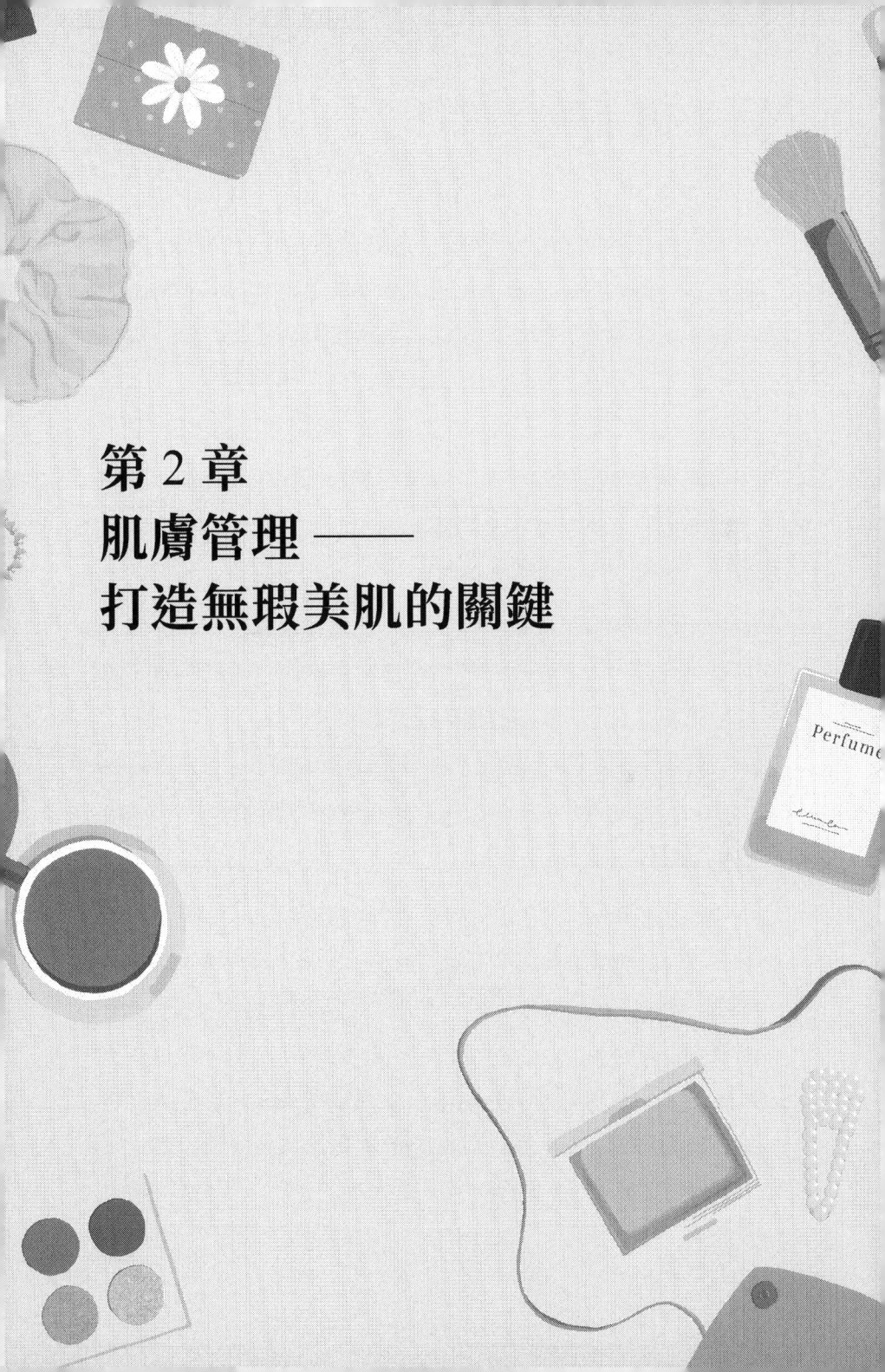

第 2 章
肌膚管理──
打造無瑕美肌的關鍵

下篇　美麗的力量（美容與身心養護指南）

　　生在如今這個時代多麼幸運啊！我的少女時代恍若昨日，美容保養在當時無比私密，絕不能公開談論。那時候，只有少數業餘愛好者或者家庭主婦會調配乳液和藥劑，美容祕訣都掌握在她們手中。還得賄賂她們，使其三緘其口，以免讓人知道：女性之美並非天生麗質，而是靠後天雕琢。

　　我一生見證了保養品配方翻天覆地的變化，也親自研發了許多配方。多年前，我對墨爾本首批客戶的觀察，讓我意識到不同類型皮膚之間天差地別。

　　此外，我還不斷在全球各地實驗室尋找醫生、科學家，並與之合作，力求幫助每位女性擁有光滑、迷人的肌膚，無論她們膚質如何，無論她遇到什麼難題。

　　如果了解自己的膚質，知道皮膚到底需要什麼，妳就可以正確保養了。接下來，就是要確定自己屬於以下哪種膚質。

　　乾性肌膚。這是迄今為止最常見的膚質。不知道為什麼，乾性肌膚總是看起來緊繃、憔悴、容易出現皮屑、皸裂和細紋。如果不及時保養，很快就會形成深深的皺紋。導致皮膚乾燥的誘因很多：比如室內乾熱，風吹日晒，還有年齡！隨著年齡增長，皮膚中的天然油脂和水分逐漸減少，導致細紋聚集，皺紋加深。但皮膚乾燥問題絕非 30 歲以後才會出現。許多女性發現從十幾歲開始，就要和乾性皮膚進行持續對抗。

油性肌膚。油脂腺分泌過剩。油性肌膚主要是油脂腺或皮脂腺分泌過多油脂,不斷滲出,造成面部油膩,毛孔粗大。更糟糕的是,油性皮膚極易吸附灰塵,造成毛孔堵塞,從而形成難看的黑頭。

痤瘡肌膚。對於臉上有痤瘡的女孩來說,不用別人提醒,她自己也知道。最糟糕的是,如果不採取措施,後果會非常嚴重——臉上會留下永久性凹坑和疤痕。

敏感性肌膚。這類皮膚極易受外部環境和身體內部變化影響。敏感性肌膚會在狀態極佳的情況下,幾乎毫無徵兆、莫名其妙地出現泛紅、發癢等症狀。過敏症狀蔓延速度很快,而且分布不均勻。敏感性肌膚會隨時隨地產生過敏症狀,讓人抓狂。越是需要展現膚質的關鍵時刻,就越容易出問題。

混合性肌膚。這是最難辨識和保養的皮膚類型之一。妳是否為此非常鬱悶?混合性肌膚經常在顴骨和額頭附近乾燥緊繃,甚至卡粉,而三角區(鼻孔、鼻尖以及下唇與下巴)又經常出油。導致臉部乾燥,T字部位成群的黑頭非常難看,鼻翼兩側和下巴上方毛孔粗大。

中性肌膚。中性肌膚偶爾會在年輕女性中出現。這種膚質柔軟光滑,油脂分泌不會破壞其柔軟質感和透明度。中性肌膚紅潤透亮,好像光線穿透珍貴的乳白色玻璃。觸感如綢

緞般絲滑。每有光影掠過，都能帶給妳稍縱即逝的愉悅。中性皮膚如此漂亮，必須精心保養才能持久。

皮膚老化。隨著時間推移產生的皮膚衰老。沒錯，時間會造成皮膚老化，難道沒發現嗎？妳有時會嘆息說：「我的臉色蒼白；我不再喜歡自己的長相。」然後，妳就會發現皮膚衰老的痕跡：成群的細紋和交叉紋、頸部皮膚開始下垂。

但不要灰心。只要根據個人膚質做針對性保養，皮膚一定會變得更好。

乾性肌膚，必須注意保溼和潤膚。

油性肌膚，一定要認真清洗，注意控油。

痤瘡肌膚，要保持清潔以及藥物護理。

敏感性肌膚，就像敏感的人一樣，需要溫柔呵護，選用溫和的保養品做護理。

混合性肌膚，必須採取雙重保養，油性和乾性區域分別做適當護理。

中性肌膚，得來不易，要定期做適當保養。

皮膚老化，需要補水，選用滋養晚霜，再搭配化妝水和乳液，皮膚會變得更加年輕。

現今，對於大多數人來說（除非住在郊區），要想了解皮膚現狀，最簡單的辦法就是去赫蓮娜美容沙龍，一定包妳滿意。我們在全球大多數國家的首都都有分店。店內有訓練有

素的美容專家，為妳提供免費的全面講解，並針對每個人的皮膚類型給出合理化建議。她們會介紹最基礎的保養品，讓妳學會日常皮膚保養。妳可以放心地接受美容專家的幫助，即便不購買推薦的保養品，也完全沒問題。

還有一個地方，不僅能幫妳了解皮膚問題，還可以選擇適合自己的化妝品——大型百貨公司的化妝品專櫃。那裡通常會有訓練有素的店員，為妳示範如何保養每一寸肌膚。

現今，化妝品和藥品一樣可以隨處買到。許多藥妝店都會聘請美容諮詢師。他們了解常見的化妝品，並願意幫助顧客選擇最適合的產品。

儘管大多數女性都能輕鬆獲得科學的美容方法，但我從辦公室裡堆積如山的信件中發現，其實生活在偏遠地區的女性仍然迫切需要相關資訊。對她們來說，身邊缺少能為她們排憂解難的人。

比如一位來自巴基斯坦山城的女性在信中寫道：「親愛的赫蓮娜夫人，我女兒才 14 歲，但皮膚粗糙難看。我擔心她可能得了痤瘡，但我不敢妄下結論。我大多用牛奶和豆粉護膚，我的皮膚始終像絲綢般光滑柔軟。但我女兒為她的皮膚感到自卑，我該做點什麼？」

一位來自伊朗的女孩留言：「我有太多不懂的地方。我的皮膚被風沙吹過以後就會脫皮、刺痛。有什麼辦法可以改善嗎？」

下篇　美麗的力量（美容與身心養護指南）

　　一個來自法國中部小鎮的年輕女孩傾訴：「大家都在談論汽車和飛機，談論出遊多麼方便。但我還是要步行。當地的藥劑師似乎不知道如何讓我的皮膚不再粗糙，而且我臉頰和鼻子下面的汗毛很重，周圍年輕男士都不喜歡我。」

　　正是因為有數百萬被皮膚問題困擾的女性，我才能收集到這些真實資料，可能對於部分讀者來說顯而易見。我堅信，合理的皮膚保養基於對皮膚的正確了解。此外我承認，導致皮膚問題的根源一直是我最感興趣的話題。

　　比如，妳知道作為身體的防護層，皮膚是如何透過一系列複雜的生物過程達到其防護功能嗎？皮膚其實是一個分泌排泄器官，同時又以有序的方式進行修復和再生。它對外部變化和內部變化非常敏感。儘管結構複雜，但皮膚基本分為兩層——外層皮膚（或表皮層）和底層皮膚（或真皮層）。表皮層的質感、顏色以及健康程度往往是真皮層的外在表現。

　　當您明白「要想改善表皮層，關鍵在於真皮層」這個原理後，妳就會明白為何美容保養是一門真正的科學。大家早已不再滿足「只做表面功夫」，尤其是我本人。我們要不斷深入探究真皮層的奧祕。

　　最終我們發現，表皮層和真皮層都喜歡水分。灼熱、曝晒和脫水都會讓皮膚狀態立刻變差。但如果能每天喝 3 品脫（約等於 1.7 公升）的水，皮膚的自癒速度會讓妳大吃一驚。

第 2 章　肌膚管理—打造無瑕美肌的關鍵

喝水有助於清理皮膚系統中的雜質。

市面上的保養品配方都在最大程度修復皮膚的油脂保護層，鎖住天然水分並活化肌膚。皮膚表面張開的小口，即毛孔，吸收保溼成分後，會在皮膚表面覆蓋薄薄一層保護膜。透過這種方式來保持油水平衡，這就是自然美膚的基本概念。

一家美國大型百貨公司的近期調查結果顯示，乳液是市場需求量最大的保養產品。放在十年前，這只能出現在想像中，如今大多數女性已經意識到保養最重要的就是保溼！

儘管不同類型皮膚有不同的保養方法，但我的保養方法萬變不離其宗。一旦學會如何用手掌和手指做臉部輪廓提拉、舒展和按摩，就會像學游泳一樣，永遠不會忘記。

下面我將介紹赫蓮娜美容沙龍塗抹面霜和乳液的手法。建議反覆練習，熟能生巧。

下篇　美麗的力量（美容與身心養護指南）

赫蓮娜・魯賓斯坦美容沙龍 皮膚保養指南 —— 準備工作

洗面乳

先用溫水打溼臉部，再將洗面乳擠在掌心。雙手向上、向外塗抹。如果想起泡，可以適量加水。然後仔細沖洗，再用毛巾擦乾。

化妝水

用化妝水浸透化妝棉後塗抹全臉；拍打均勻，同時向上提拉。

精華液

先用化妝棉沾取精華液，在下巴鬆弛處用力按壓，然後(a)快速前後按摩頸部；(b)輕輕按摩臉部，向上提拉；鼓起雙腮，按壓表情紋；(c)按壓兩眼中間豎紋和抬頭紋。輕塗眼睛下方。

乳液

雙手從下往上推：(a)從下巴推向雙耳，(b)從鼻部推向太陽穴，(c)從鼻根推向眼瞼上方。用毛巾擦掉乳液，手法同上。

頸部：從下往上平穩推開，畫圈按摩。稍用力對側向上提拉（右手按摩頸部左側，左手按摩右側）。

下巴：雙手手背從下巴向雙耳對側拍打。

眼部：將眼霜(a)塗在上下眼瞼，(b)用指腹沿眼部下方，輕輕由外眼角向內按摩。（輕輕用兩根手指指腹交替拍打。）

下篇　美麗的力量（美容與身心養護指南）

量身定製的美容方案

妳願意每天花 5 分鐘左右讓皮膚得到最大程度的改善嗎？皮膚保養必須像刷牙一樣，每天都要做。偶爾心血來潮做一次保養是遠遠不夠的。如果想變得光彩照人，必須每天做好皮膚保養。

努力絕對有回報，每次微笑，皮膚都會展現最佳狀態，讓周圍人懷疑妳的真實年齡。即便沒有完美的五官，但迷人透亮的肌膚也會讓人留下深刻的印象。

下面提及的每個環節都經過科學設計。因此，如果想達到最佳效果，必須認真執行。

乾性肌膚無疑是最常見的皮膚類型，無論男女老少。乾性肌膚保養簡單，只要做好清潔和保溼就可以。如果方法得當，每天 5 分鐘就能搞定。

乾性肌膚解決方案

早晨

◆　先用濃縮洗面乳做臉部深度清潔，去除汙垢和化妝品（包括眼妝）殘留。用毛巾擦拭，妳會驚訝地看到臉上到底有多少髒東西。

◆ 用溫和型化妝水浸溼化妝棉,將臉部殘留的洗面乳擦淨。

◆ 最後塗抹乳液保溼。用手指將乳液點在臉部,然後抹開塗勻;易乾燥的地方多塗點。乳液中的水分就能悄悄地滋養肌膚一整天。

夜間

重複上述清潔和保溼步驟,最後塗抹保溼乳霜,吸收後能深度修復乾燥問題。現代科學已經找到滋潤肌膚但絕不油膩的祕訣!因此,不僅睡前清新自然,第二天更是楚楚動人。

油性肌膚解決方案

皮膚出油、油亮讓許多年輕女性苦不堪言。如果不加改善,這種情況將持續一生。只有儘早在專家指導下精心保養,才能擁有清新透亮的肌膚。對此,我很了解,因為我很早就開始嘗試改善油性肌膚,解決油性肌膚導致的毛孔堵塞、黑頭等問題。我還研發了一款磨砂洗面乳,專門清潔堵塞毛孔的雜質,這些雜質很容易變成黑頭。

早晨和夜間

◆ 用藥用洗面乳徹底清潔皮膚。藥用洗面乳可以將多餘油脂清洗乾淨。此外,洗面乳中的抗菌劑,可以抑制引發

暗瘡的細菌生長。清潔後,皮膚將變得細膩、潔淨,不再油膩。

◆ 藥用化妝水能讓皮膚變得更加光滑、細膩。在容易出油處塗抹化妝水。(建議白天隨身攜帶,隨時做區域性修復和清潔。化妝水功效溫和,可以經常使用。)霧光效果的妝容看起來更自然。

每週 2-3 次

用磨砂洗面乳洗臉,可溶性顆粒能夠深入毛孔,去除黑頭,清潔毛孔雜質。將洗面乳擠在掌心打溼後,塗抹在臉上,充分起泡後洗淨。

痤瘡肌膚解決方案

痤瘡的病因目前尚未明確,但通常伴隨皮脂分泌過盛。像富含巧克力、可可、鹽、堅果、糖果、脂肪、肉汁、醬汁和調味劑的食物會加劇油脂分泌。此外,蛀牙、扁桃腺發炎、鼻竇炎和情緒壓力也會讓症狀雪上加霜。

科學發現,健康皮膚定期新陳代謝:死皮細胞自行脫落,露出健康的新生皮膚。每次洗臉都能洗去表面的死皮和油脂腺分泌的油脂。

而痤瘡肌膚的油脂腺會快速分泌大量油脂。多餘油脂和

第 2 章　肌膚管理─打造無瑕美肌的關鍵

死皮細胞會堆積在皮膚表層，堵塞毛孔內油脂，形成黑頭（學名「痤瘡」）。如果受到外界刺激和感染，將變成丘疹（痘痘）。

保養痤瘡肌膚關鍵在於減少油脂分泌，促進皮膚新陳代謝。首當其衝就是保持皮膚清潔。

早晨

- 首先要仔細洗手，然後用流動溫水打溼臉部。建議選含藥物成分的專用洗面乳洗臉，這種洗面乳不僅能清潔堵塞毛孔的油脂，還能抑制細菌生長。用水沖洗乾淨。最好不用毛巾，因為毛巾容易滋生細菌。
- 用清爽溫和型藥膏清潔油脂，防止出現「爆痘」。
- 在患處塗上「淨痘膏」。藥膏顏色接近膚色而且無油脂，能加速痤瘡粉刺自然脫落，減緩油脂堆積。多餘油脂是導致痤瘡的罪魁禍首。同時，這款藥膏還具有抑菌效果，能抑制細菌生長、感染和擴散，防止新痘痘出現。

夜間

重複上述步驟！

注意：頭髮出油過多以及誘發頭皮屑的細菌也會加重痤瘡，因此應該選用適合油性肌膚和痤瘡肌膚的藥物洗髮精洗頭。

一般情況，我比較關注「做什麼」，而不是「不能做什麼」。因為前者更為主動，防患於未然。但有一件事千萬「不能做」——不要擠痘痘！就算是小心翼翼地擠破一個，也可能造成擴散。更糟糕的是會留下永久性疤痕。因此，最好就是在患處塗抹淨痘膏，等待粉刺萎縮。

最能讓我獲得成就感的一件事，就是向飽受痤瘡問題困擾的年輕人推薦我研製的藥膏。通常隨著年齡增長，皮膚油脂分泌逐漸減少，痤瘡也會徹底消失。年輕人就能省去每天數小時的痛苦，享受健康肌膚帶給她們的快樂。

敏感性肌膚解決方案

皮膚狀態是否時好時壞？一會兒面色蒼白，一會兒又泛紅？時不時還會出現紅斑？或者莫名其妙出油，然後又變得非常乾燥？這些症狀也許反映內心情緒的起伏。嘗試好好休息、多喝水、盡量放鬆；比如聽聽音樂或躺在床上看書，可以在腳下墊兩個枕頭。最關鍵的是，敏感性肌膚一定要精心呵護，動作輕柔，切忌用力揉搓或拉扯。

早晨

◆ 用水潤深度洗面乳做清潔時動作要輕柔，切忌揉搓、拉扯嬌嫩肌膚。向上畫圈、輕輕塗抹。用毛巾擦淨。

- 用溫和型草本蜂蜜萃取乳液按摩臉部，舒緩、冷卻敏感肌膚，防止皮膚脫皮。（如果白天感覺皮膚灼熱緊繃，用萃取乳液護理。）
- 用清爽型水潤乳液補水。妝容會看起來更加自然。

夜間

- 用深層洗面乳清潔。
- 用同款草本乳液保養。
- 潤膚要用清爽型保溼霜，最好含有肌膚膠原蛋白（一種類似於年輕肌膚蛋白質的天然成分）。

混合性肌膚解決方案

混合性肌膚非常常見。通常表現為：臉頰的皮膚比較乾燥，而中庭、額頭、鼻子和下巴易出油。

早晨

- 用深層洗面乳清潔臉部汙垢。
- 用清爽型化妝水塗抹中央區域（額頭、鼻子、下巴），控油。
- 用保溼乳液滋潤乾燥肌膚，使其擁有水潤觸感。妝容會變得更漂亮、清爽。

夜間

- 重複第一步。
- 用磨砂洗面乳清洗臉部出油區域，每週兩次，防止毛孔堵塞，清除油脂、黑頭。隔天用日用控油乳液保養。
- 用富含潤膚成分的保溼霜滋潤乾燥部位。

中性肌膚解決方案

如果有幸擁有自然美麗的中性肌膚，請用心呵護。妳已經在皮膚保養上先人一步。保養健康肌膚會比修護問題肌膚容易。

但請切記，健康肌膚如果保養得當，將會持續透亮迷人；但如果疏於保養，就會乾燥、出現細紋和皺紋；如果不認真清潔，健康肌膚也會逐漸粗糙。決定權在妳。

早晨和夜間

- 選擇清爽型深層洗面乳洗臉。
- 用清爽型化妝水輕輕拍打臉部。
- 上妝前用保溼乳液，保持皮膚水潤。

隨著年齡增長，只需在保養中加入保溼乳霜。當下只要做好保溼即可。如果時間匆忙，可以清潔後直接塗抹保溼乳

霜。但千萬不要忘了保溼霜！

　　我想妳一定能理解，我身為世界知名的美容和皮膚保養專家，非常希望能夠延緩肌膚衰老。身為女性，我希望得到世人欽佩；而身為美容專業人士，我不想向世界呈現一張疲憊、膚色暗沉的臉。通常，別人會覺得我看起來比實際年齡至少年輕20歲。我已經90多歲了，我並不奢求自己看起來像年輕人，但我仍然覺得「減齡」會讓我非常開心。

　　隨著年齡增長，皮膚會失去彈性和活力。皮膚老化表現為：油脂和水分減少，外層皮膚變乾，皮膚越來越薄，出現細紋和皺紋。對女性來說，皮膚這些生理變化與女性荷爾蒙、雌激素和孕酮分泌減少密切相關。每天早晚花點時間保養皮膚可以有效延緩衰老。皮膚按摩和保養品都有助於對抗衰老，保持皮膚光滑，讓妳看起來更年輕。四十歲過後，花在自身的時間越多，效果就會越明顯。

皮膚老化解決方案

早晨

- 先在臉部和頸部塗抹少量洗面乳或化妝水，從頸部根部向上，塗至下巴，然後臉部。
- 用毛巾擦淨後，用富含草本精華的溫和型保溼護膚乳滋養肌膚。

下篇　美麗的力量（美容與身心養護指南）

◆ 最後塗抹保溼乳霜。如果被皮膚迅速吸收，就再塗一點。

夜間

◆ 重複以上步驟，做好清潔。
◆ 將化妝棉浸滿清爽型化妝水後，向上拍打，刺激血液循環，喚醒肌膚活力，綻放年輕光澤。
◆ 持續拍打 1-2 分鐘，緊緻臉部輪廓；用乳狀緊膚霜在表情紋、喉嚨、下巴和下顎處向上、向外拍打，促進吸收。（參閱特別說明，用手背輕輕拍打下巴底部和下顎線，改善雙下巴和肌肉鬆弛。）
◆ 用滋養乳霜和保溼霜，從皮膚內部補充天然美膚油脂和水分。

如果擔心雙下巴、下顎及喉部皮膚鬆弛，可以在晚上完成卸妝和皮膚保養後做這個練習。

◆ 下巴盡量前伸，同時向前擠壓下唇，保持下巴和嘴唇處於同一平面；向右緩慢轉頭，然後向左。重複至少 10 次。
◆ 伸出舌頭，盡量搆到鼻尖，鍛鍊喉部肌肉。
◆ 模擬咀嚼，收緊下顎線條。用力咀嚼，左右移動下顎。想像眼前有個蘋果左右搖擺，妳要咬一口。張大嘴，然後慢慢合上（期間盡可能用力）。

- 睡覺時不用枕頭，或者只用一個平枕，避免下巴出現贅肉。

美麗肌膚的「七宗罪」

- 卸妝不當。如果疲憊不堪，真想不卸妝就上床睡覺，這絕對是自找苦吃。殘留化妝品和汙垢將堵塞毛孔，最終導致皮膚粗糙。因此，做好每日深層清潔是所有皮膚保養中最重要的環節。要用洗面乳和卸妝產品反覆清洗，直到化妝棉或毛巾上沒有任何殘留。接觸臉部的雙手務必保持清潔。
- 粉底過厚。這是導致毛孔堵塞的另一罪魁禍首，而且化妝效果也不好。因為白天很容易卡粉，尤其在鼻子周圍的深紋和下巴附近毛孔粗大部位。現在的粉底不但質地輕盈，妝效還看起來光彩照人。
- 「暴力」保養。上妝時，應該用指尖肚輕輕向上、向外塗抹。
- 疏於保養。任何肌膚都需要保養，具體而言就是白天必須塗抹保溼霜和粉底。（喜歡戶外活動的女生還要需要擦防晒霜、保溼和夜間保養。）
- 缺乏新鮮空氣。
- 飲食不當。

◆ 經常熬夜。

一旦找到適合自己的基礎保養模式，只要肌膚狀態保持穩定，妳就相當於解決了一個大問題。從此以後，妳無需不斷嘗試，只需要將這個模式變成日常生活的一部分，就像早上喝茶、喝咖啡一樣。妳可以長期堅持使用，除非皮膚狀態發生改變，比如，油性肌膚經過長時間保養，逐漸變成中性肌膚；或者到了 40 歲，中性肌膚需要補水；抑或由於緊張或水土不服，皮膚開始敏感。

美容面膜則另當別論。任何年齡的肌膚，使用面膜後都會收到不錯的效果，好像讓皮膚放個假。尤其 40 歲後，我建議每週要敷 2-4 次面膜。但面膜也要因人而異，不同肌膚類型需要敷不同面膜。

比如，油性肌膚專用面膜能有效清潔細小汙垢、油脂沉積和黏著性化妝品顆粒。快速吸收面膜要比「潤膚型」或「收斂型」面膜更強效。有些面膜能促進血液循環，有些能讓肌膚滑順。總之，敷面膜可以讓滿面倦容煥然一新，讓肌膚保養事半功倍。

第 2 章　肌膚管理—打造無瑕美肌的關鍵

油性肌膚、黑頭專用面膜

黑頭粉刺是否讓妳苦不堪言？可以每週敷 4 次**藥用美容面膜**，只需 10 分鐘，就能有效疏通毛孔。首先清潔肌膚，然後在臉上塗一層薄薄的面膜，黑頭密集部位可以多塗一點。10 分鐘後用溫水洗淨。是不是大吃一**驚**？我說過，敷面膜有奇效，鏡子裡的妳皮膚會變得滑嫩、有光澤。

肌膚老化專用面膜

所有女性都不願暴露自己的年齡。我研發了一款富含草本成分的面膜，對肌膚乾燥、對抗皺紋有奇效。如果妳要出席一個重要場合，務必留出 20 分鐘試試這款芳香襲人的面膜。這款草本面膜能有效提拉、緊緻肌膚，消除皺紋，讓老化肌膚煥發活力。

還有一款**隱形面膜**適用於各類肌膚，而且效果顯著，我非常喜歡。這款面膜適用範圍廣泛，其中的天然提取物與赫蓮娜招牌乳液一樣。使用後，細紋明顯淡化，膚色瞬間變得光滑透亮。這款面膜最大的優點在於清爽、柔順而且無痕，敷後無需清洗，讓妳看起來神采奕奕。

有些皮膚特別需要額外護理，比如黯淡、鬆弛肌膚就需要面膜。有一款面膜富含草本成分，能強效喚醒區域性肌膚，使用後肌膚光滑、細膩。這款面膜平時每週敷兩次。重

要場合前使用,讓妳展現最佳狀態。

　　切記,敷面膜時一定要放鬆。享受面膜保養的過程。既然敷面膜時什麼也做不了,為什麼不利用這十幾分鐘好好休息一下?敷上浸滿清爽型化妝水的面膜。平躺,抬高雙腳,放空大腦。剩下的交給面膜。

有關粉底的新觀點

我們大多在早晚做皮膚保養，但白天無論去哪裡都需要粉底和化妝。正確使用粉底能持續保護肌膚。這就是我為什麼將粉底（除有色成分外）視為保養品。選擇合適的粉底能時刻保護肌膚一整天。如今的粉底和彩妝都一樣透薄、自然，如果不用粉底，就相當於放棄了世界上最好的保養品。

要想看起來年輕，並不是只有淡化皺紋這麼簡單，還要了解美容產業的發展趨勢，選擇適合自己的保養品。比如，在眾多熟知的產品中選出適合自己的全新粉底，然後物盡其用。

為何要選擇粉底？

如果只在鼻子上撲點粉，就覺得該做的都做了，顯然遠不止如此。正確使用粉底能讓妝效自然、精緻。

能讓膚質細膩、光彩照人；

能讓妝容和衣著協調統一；

能遮擋微瑕疵、雀斑；

能讓肌膚免受都市漂浮灰塵和極端溫度傷害；

可以根據個人膚質，選擇合適的營養成分進行日常肌膚保養。

能讓肌膚平滑無瑕，達到其他保養品無法實現的效果。

選擇適合自己的粉底

乾性肌膚？選用質地細膩粉底。搭配軟化皮膚成分一起使用，在遮蓋皺紋的同時，有效保溼。

油性肌膚？選用含少量藥物成分的粉底進行控油，保持肌膚乾爽、不油膩。

敏感性肌膚？選用質地細膩、柔順、附帶遮瑕功效的粉底，遮蓋泛紅部位。

年輕肌膚？選用溫和型粉底，牛奶蛋白粉餅就能輕鬆搞定。

痤瘡肌膚？選用藥用粉底，遮瑕的同時促進傷口癒合。選對色號就能輕鬆解決許多痤瘡困擾。

化妝品使用指南

對美容保養千萬不要自以為是，務必仔細閱讀每款化妝品的使用說明。大多數優質化妝品都會基於精準的科學數據，給出詳細的使用說明。這些精心編寫的使用說明會介紹產品功效、使用後效果以及最佳的使用方法，有的還會推薦相關保養品。

身為終身致力於化妝品研發和臨床實驗的女性，我再次強烈建議各位：請務必認真閱讀並遵照說明進行，體驗保養帶給各位的改變。

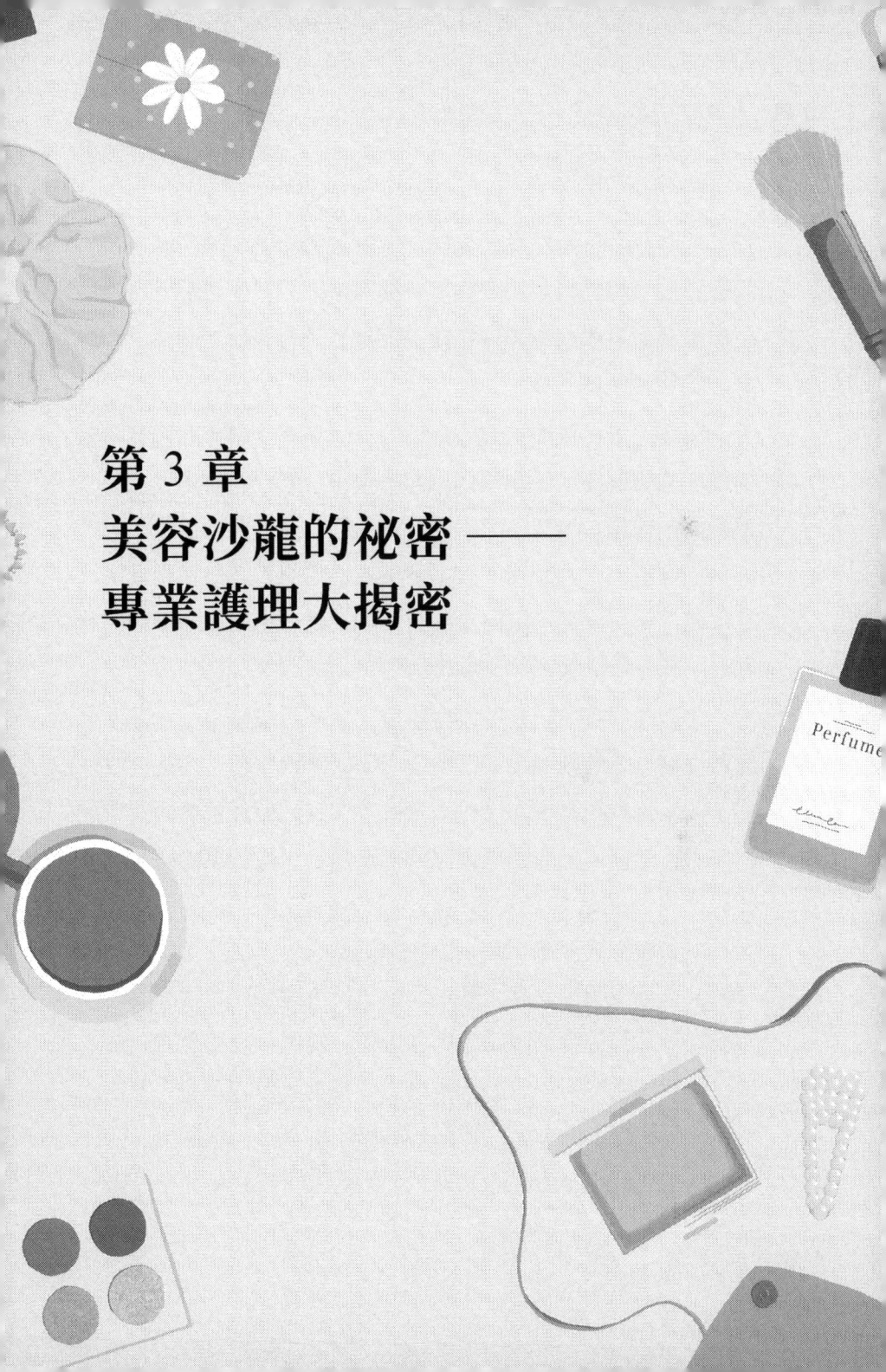

第 3 章
美容沙龍的祕密 ——
專業護理大揭密

下篇　美麗的力量（美容與身心養護指南）

　　美容沙龍是專為女性量身定製的美容諮詢中心。顧客可以在這裡了解美容前端資訊。一樓通常介紹和銷售美容項目和保養品；專業美容師會在樓上為女性提供臉部、全身、手部、頭髮等專業護理。

　　顧客可以在按摩室體驗最新的科學護理；還可以躺在臉部護理室的躺椅上，將雙腳墊起，全身放鬆的同時，享受臉部清潔、養護、按摩、面膜和緊緻護理；或者參加小班教學和私人專屬的化妝課程。大部分美容沙龍設有蒸汽室和沐浴室，健身區也配備高階健身器材。顧客還可以在豪華美髮沙龍裡，選擇最時髦或者最喜歡的髮型。

　　最重要的是，顧客可以在寧靜、奢華的環境中，在眾多經驗豐富專家的幫助下，改變自我。其實大多數人都需要幫助，孤軍奮戰很難成功。毋庸置疑，美容沙龍最重要的價值就在於：這裡有一群頗具天賦的專業人士，向那些內心渴望變美的女性傳遞信心。我始終堅信，我的員工都具備超強洞察力和廣博的專業知識。經過精挑細選，每位員工都機智聰慧、舉止得體、洞察人性。入選的員工還要參加數月的專業培訓，了解美容業複雜的操作流程。她們必須洞悉客戶需求。因此，顧客可以放心走進全世界任何一家赫蓮娜・魯賓斯坦美容沙龍。正如我對產品的要求一樣——品質至上。

　　從澳洲首家美容沙龍開業那一刻起，我就意識到女性需

要的不僅僅是技術指導或美容服務。她們希望能在需求得到尊重和滿足的氛圍中，體驗美的感覺。因此，多年以來，赫蓮娜美容沙龍始終開在世界各大城市最時尚的地段，門市必須外觀醒目，而且交通便利。我一直堅持親自監督美容沙龍裝修，設計令人過目不忘的配色方案，選購舒適家具，並從私人藏品中挑選漂亮的作品做裝飾。可以說，我對美容沙龍傾注的愛和關注跟家庭一樣多。

　　正因如此，經常光顧美容沙龍的客人會逐漸培養出鑑別和鑑賞能力。就像在博物館欣賞著名藝術家作品──一看就知道哪個是頂級的。因此，我強烈推薦條件允許的女性，至少應該去美容沙龍體驗一次。她們將在美容沙龍收穫頗多，幫她們更加了解自己。而這些收穫在其他地方都無法獲得。

　　我希望那些住在美容沙龍附近的女性，能將美容沙龍當作獲得靈感和知識的泉源，這也是我開設美容沙龍的初衷。而那些距離較遠，無法來到美容沙龍親身感受的女性，也可以考慮在家中打造一個屬於自己的「美容空間」。地方不用太大，哪怕只有一張精心設計的梳妝臺，但必須在梳妝打扮之際，讓妳倍感興奮和愉悅。

下篇　美麗的力量（美容與身心養護指南）

美容沙龍護理

肌膚乾燥的護理方案

或許你對赫蓮娜·魯賓斯坦美容沙龍的護理方案非常好奇。肌膚乾燥是最為常見的皮膚問題，而且隨著年齡增長會愈發嚴重。以下是肌膚乾燥的護理方案。

跟所有肌膚保養一樣，乾燥肌膚的護理也要從徹底清潔開始。首先用潔面霜一邊清潔，一邊按摩。手法嫻熟的美容師會用雙手指尖，從頸部後方開始向上提拉，逐漸向前移至喉部，然後用向上提拉的方式按摩臉部，最後擦淨潔面霜（從下向上）。

第二步是啟動血液循環，使皮膚表層顏色紅潤、自然。選擇活化乳液，讓皮膚更加緊緻、光滑，宛若剛剛運動過後。輕輕揉搓活化乳液，表情紋部位要稍用力按壓 2～3 次。就算自然形成的頸紋也不容忽視，否則會愈發明顯、難看。

接下來，美容師將緊緻臉部輪廓，改善皮膚鬆弛。用指腹在眼袋上塗抹緊緻乳液。此外，法令紋、臉頰和下巴也要額外關注。用雙手手背反覆拍打，促進乳液盡快吸收。

下一步就是敷面膜──面膜選擇因人而異。膚色暗黃

可以選用活化面膜，能讓膚色粉嫩可人；膚色粉紅則選用其他面膜。無論用哪一種，都要確實敷好面膜。面膜護理的同時，可以閉上雙眼，再將浸有舒緩、清爽型化妝水的眼膜鋪在眼瞼上。

「現在放鬆，」美容師會建議顧客，「如果想睡可以睡一下，睡20分鐘。」

20分鐘後，當洗去面膜，妳會看到：皺紋褪去……膚色均勻……雙眼炯炯有神。簡直不可思議！

美容沙龍還配備各種功效顯著的美容儀器。這些儀器與其他護理一樣，為美容沙龍吸引了大量客戶。沒錯，美容產業也進入了機器時代。

為什麼首選美容沙龍？

除了效果顯著外，美容沙龍最吸引顧客之處在於：各項護理都在乾淨整潔的空間進行，房間不大，但配色柔和、恬靜。護理時，顧客可以全程躺在柔軟舒適、可調節角度的美容椅上放鬆休息。護理結束後，還會有專業人士為顧客量身定製全套妝容，根據膚色，為顧客搭配最新款粉底、口紅和眼影。

有些女性選擇自己保養，那我又為何如此詳盡地介紹美容沙龍護理呢？其實我只是想讓她們知道如何在家中護理，當自己的美容師。妳可以選用同款保養品。顧客在美容沙龍

下篇　美麗的力量（美容與身心養護指南）

做首次護理時，美容師會非常樂意詳盡介紹操作流程，方便顧客日後可以按照步驟做保養。這就是為什麼我覺得顧客至少要到美容沙龍體驗一次的原因，因為這相當於一堂物超所值的美容課程。只要女性認真觀察，學會美容師的操作流程，將來就可以自己在家中做好美容護理。

可以在家裡做美容護理嗎？

當然沒問題，即便空間有限。美容沙龍的許多要素都能在家裡做到。但要注意以下幾點：

營造寧靜、舒緩的氛圍。

可以裝點一些漂亮的擺設，如鮮花、畫作或者自己喜歡的陶瓷品。

一張躺椅或者可調式沙發，可以在護膚時徹底放鬆。

將保養品放在隨手可及的地方。

提前規劃好護理項目：基礎皮膚保養、敷面膜、小憩、頭髮造型和染髮、簡單運動、洗澡。

如果家中有空房間或多餘的浴室，為何不將其改造為美容空間？活動室也可以；或者用屏風將臥室一角隔開，再擺上舒適的椅子、梳妝臺和全身鏡就行了。

我有幾個客戶不僅在家中浴室裡安裝了下沉式浴缸，還購置了一些美容專用設備，比如用來存放保養品的冰箱。甚至還有客戶在家中安裝了獨立三溫暖房。這些家庭美容沙龍

麻雀雖小，但五臟俱全——不僅有獨立照明的梳妝臺，沙發椅上也鋪上便於換洗的沙發布或塑膠布，還配備了專用吹風機和各類運動器材。有位客戶更是將一臺經過防鏽處理的健身腳踏車放置在淋浴間。她可以一邊騎車，一邊淋浴。她堅信在水中鍛鍊對新陳代謝大有裨益！

只要用心設計，就能擁有屬於自己的家庭美容沙龍。選好地方，再把所有美容、護膚和化妝用品挪過去，就這麼簡單。只擺放必要物品，夠用就行。確保動線正確，預留鍛鍊空間，最好手邊有洗臉盆和浴缸。如果還有額外空間，可以仿效上文提到的那位客戶，加置一個小冰箱，可以在炎熱的天氣存放面霜和乳液，或者放點冰水和誘人的午餐輕食。

家庭美容沙龍備品清單

棉織品清單

- 乾淨的床單和毯子
- 枕套
- 浴巾、浴袍
- 毛巾、紙巾
- 易換洗的美容服或睡袍
- 塑型衣、短褲和針織上衣
- 易清洗的運動毯／墊
- 設備清單
- 寬敞舒適的椅子或貴妃椅
- 2個枕頭
- 全身鏡
- 化妝鏡
- 化妝直背椅
- 明亮的燈光
- 摺疊床
- 斜板健身器
- 音樂播放器或高保真音響

化妝品清單

化妝品可以用獨立托盤或者多功能透明塑膠盒盛放。

- 紙巾、棉花、結實耐用的防水塑膠盒。
- 髮夾、捲髮器、夾子等,梳子、化妝刷、護髮素。
- 不同顏色的指甲油、護手霜、去死皮軟化劑等美甲用品。
- 早晚化妝的必備物品,包括粉底、眉筆。

居家護理指南

- 根據個人飲食習慣準備清淡午餐:檸檬水或脫脂牛奶、番茄切片、蔬菜沙拉、幾個水煮蛋、新鮮的水果拼盤,然後放入冰箱備用。
- 在鏡子前運動,鏡子要足夠寬,注意觀察自己的動作。
- 染個新髮色或洗個頭。
- 整理髮型。偶爾換個髮型,不但有趣,而且對頭皮有好處。
- 認真洗臉,然後敷上適合個人膚質的專用面膜。
- 戴好眼罩,躺下放鬆。
- 選擇不同香味的沐浴品 —— 從沐浴精油到草本植物精華,享受一次芳香撲鼻的奢華沐浴。

下篇　美麗的力量（美容與身心養護指南）

- 修剪腳趾和（手）指甲。
- 舒展全身，小憩 15 分鐘，但要設好鬧鐘。因為此刻應該徹底放鬆。
- 吃午餐。
- 穿好內衣，開始化妝。不妨借鑑一下本期時尚雜誌的創意。
- 如有必要，可以用吹風機吹乾頭髮。精心梳理後噴上髮膠定型。
- 穿好外衣，完成臉部和頭髮的點睛之筆，然後佩戴珠寶、花飾、蝴蝶結。最後根據個人習慣，噴上香水。
- 這就是居家美容的全部步驟。感覺還不錯吧？應該不錯！妳一定會越變越美！

第 4 章
美麗飲食──
吃出健康與光彩

下篇　美麗的力量（美容與身心養護指南）

　　隨著對於飲食對人體的價值和影響愈發了解，我更加堅信，當下的飲食會決定未來的形象。對於節食達人來說，科學飲食或許為了獲得苗條身材、光滑肌膚、高品質睡眠，抑或讓自己精力充沛。我相信隨著時間的推移，人們會對控制飲食有更好的理解。

　　乏味單調的食物根本無法讓人改掉不良的飲食習慣或者停止暴飲暴食。反而讓人更容易想起冰鮮鮭魚搭配綠色蛋黃醬，或者紐約範德比爾特酒店[226]的火焰雪山[227]搭配蘭姆酒。

　　這就是為什麼我始終堅持：控制飲食必須要和全面蛻變計畫結合，才能獲得令人滿意的結果。不應該只為了減肥而減肥。在瘦身的同時改變自我，為了迎接多彩人生做出全新努力。

　　飲食習慣取決於到底想要什麼樣的生活。有一次，我在翻閱紐約美容沙龍的健身報告時，注意到有位好萊塢巨星，每天安排三個小時的私教課程。我詢問美容沙龍的健身主管。

　　「這樣安排會不會很累？」我問。

　　「她已經習慣了，」杜克洛斯夫人[228]回答：「多年來她一直堅持運動，身材結實勻稱，像賽馬一樣。聽說她最近如果

---

[226]　即 The Vanderbilt Hotel。
[227]　即 Baked Alaska。
[228]　即 Mme. Delclos。

第 4 章　美麗飲食—吃出健康與光彩

能在 4 週內減掉 20 磅，就能得到一個重要的角色。為此，她全力以赴，每天只吃生菜、番茄、水煮蛋、脫脂牛奶，外加半片乾吐司。她告訴我，每次吃雞蛋、番茄和生菜，她都會想像自己的名字出現在鎂光燈下，她還會大聲朗讀劇本中的臺詞，以此來激勵自己。夫人，我們眼看著她一點點瘦下來。我肯定做不到，而且恐怕您也未必能做到。她原本就很苗條，要減脂絕非易事。但她仍在努力，而且請了三個教練陪練。她了解我們的減肥訓練，但之所以要來美容沙龍練，是因為她說，如果有人陪著一起，訓練就沒那麼可怕了。」

最終她如願拿到了那個角色！**她並不是在節食**，而是在**實現一個演員的夢想。**

還有一次，我到一位廣告策劃的辦公室，看見桌上擺著被切成四瓣的蘋果。我問她是不是喜歡吃蘋果。

「我會喜歡蘋果？」她立刻否認。「我早就被『一天一蘋果，醫生遠離我』[229] 的說辭煩死了！」但今天是我的蘋果日 [230]。您知道，夫人，我胖了不少。醫生建議我既然無法堅持節食，那就試試這個妙招。每週有一天，我會將兩個蘋果各切成四瓣，每一小時吃一瓣，然後大量喝水，晚上選本好書早早上床。兩個蘋果大約 200 多卡路里。我並沒有感覺特別餓，因為喝水增加了飽足感，早睡也能防止晚上多吃。這

---

[229]　即 An apple a day keeps the doctor away.
[230]　即 Apple Day。

個方法幫我大幅降低了每週的熱量攝取。」

當然,這聽起來有點奇怪,但似乎對這位年輕女士特別奏效。她時刻關注自己的體重,因為她非常清楚,外在形象對於美容產業從業人員非常重要,絕不能讓自己像吹氣的氣球一樣變胖。

她並不是在節食,而是在堅守自己的成功。

有一次,我在巴黎家中設宴招待客人,席間我注意到有位客人根本不碰甜點。我突然意識到,他可能跟許多法國人一樣,對甜點不感興趣,而喜歡水果和起司。

「如果對今晚的甜點不感興趣,」我說,「可以換一種口味試試。」

「不,不用,」他回答。「對我來說,這並不是選擇哪種甜點,而是在甜點和人二者之間做選擇。」

「甜點和人?」我笑了。

「沒錯,」他解釋說,「最近我發現,只要吃高熱量食物,我就容易想睡。眼皮越來越沉重,就像一隻肥貓,想打個盹,誰也不想理會。所以,我改變了飲食方式。我喜歡美食,但我更喜歡跟大家聊天。」於是,這位熱衷於葡萄酒和精緻美食的吃客,開始為了自己的社交圈控制飲食。他並不是在節食,而是在留住身邊的朋友。

儘管有人說我看起來比實際要高,但其實我的身高不到

150 公分（4 英尺 10 英寸，約等於 147.32 公分）。即便我每早 6 點起床，每天高強度地工作，但體重仍有增加的趨勢。也許對別人有效，但我不屬於這類人。

因此，步入中年後的我非常關注飲食和健康。我發現自己為此變得焦慮不安、精疲力盡。更糟糕的是，我無法繼續工作了。最後我病得很重，醫生將我送到蘇黎世著名的伯徹‧本納療養院。在這裡我才明白：正確的飲食應該是「能量」。我急切盼望自己能精力充沛，就像有的女性渴望能穿 S 號衣服一樣。

也正是從那時起，我養成了終身的飲食習慣 ── 早晨先喝果汁、吃新鮮水果，整天吃各種水果、蔬菜。我開始喜歡蛋白質。我並不是在節食，而是讓自己精力充沛。

多年來，在幫助女性重塑身材、重獲全新生活的過程中，我發現其實每個人都可以透過合理飲食成功減重。根本不存在靈丹妙藥。至於為何有的人變胖而有的人卻能變瘦，其中原因不一而足。悲傷、恐懼會讓有些女性變胖，而換成別人卻會變瘦。有的女性永遠吃不胖，但同樣的飲食和生活習慣，換成別人就會發胖。在體重問題上，好像沒有完全合理或合乎邏輯的說法。

有的醫生強調減肥必須斷澱粉；而有的醫生卻說要有適量攝取。酒精也頗有爭議。有的醫生反對，認為酒精除了提

供熱量外沒有任何營養價值；但有的醫生卻表示，酒精可以提高代謝率。

當下時尚圈流行的節食方式說法不同，但其核心就是嚴格限制碳水攝取，不過可以攝取蛋白質和脂肪。這種方法允許吃飽，不用忍饑挨餓，但唯一需要克服的就是美食誘惑。毫無疑問，這種方法對大多數人奏效，但從營養學角度考慮，確實存在隱患，所以必須先諮詢醫生後再嘗試。其實所有徹底改變飲食習慣的減肥方法都應該謹遵醫囑。

如果某種方法對別人行之有效，對你卻收效甚微，那就換一種試試。堅持每天量體重，關注減肥效果，最終一定能找到適合自己的方法。

我不相信所謂的快速減肥法，因為往往是三分鐘熱度。最終只會加速臉部和頸部衰老，損傷皮膚彈性。這些方法急功近利，無法長期堅持。我推薦一個方法，能幫妳建立全新的飲食模式，還可以長期堅持。這種方法也許要多花點時間才能達到預期。但只要目標明確、堅持下去，減重後不會復胖。

我的體重控制祕訣

- 下定決心減肥。將減肥視為最重要的任務，必須完成。
- 不要與人討論節食。不但打擾他人，還會讓自己煩心。
- 早起喝1杯含新鮮檸檬汁的熱水（1個檸檬），不要加糖。
- 多吃飽足感強的食物，如菠菜、高麗菜、蔬菜沙拉和瘦肉，降低飢餓感。
- 午餐和晚餐前各喝1杯水，每杯水加入（半個檸檬）的檸檬汁，有助於降低飢餓感。但不能邊吃飯邊喝。
- 慢慢吃。細嚼慢嚥不僅有助消化，還能吃得少。
- 如果喝牛奶，只喝脫脂牛奶——富含蛋白質而且零脂肪。
- 麵包盡量少吃，如果要吃可以選擇不加奶油的黑麥麵包或全麥麵包。
- 餐桌上不要放鹽。做菜時也盡量少用（最好不用）。
- 別看美食，會讓人發瘋。
- 遠離高熱量食物。如果實在想吃，就少吃點。千萬不要原本打算只吃一勺冰淇淋，結果卻吃了整整一品脫（約470克）。
- 早餐前先吃新鮮水果。

下篇　美麗的力量（美容與身心養護指南）

- ◆ 午餐可以吃沙拉 —— 新鮮水果或者蔬菜搭配少量沙拉醬；飲品可以用脫脂牛奶代替茶或咖啡。
- ◆ 如果兩餐之間餓了，可以吃半個蘋果，1 小塊乾起司，1 根芹菜或紅蘿蔔，喝 1 杯鮮橙汁。
- ◆ 晚餐在肉類主菜前先吃 1 小份沙拉，降低食慾。少吃麵包、馬鈴薯，不吃高脂食物。
- ◆ 覺得差不多快吃飽了，就離開餐桌。
- ◆ 盡量讓減肥餐看起來漂亮，吃起來才能樂享其中。

如果只是小幅度減重，那就牢記上述祕訣，持之以恆，往往會收到不錯的效果。

有的人不管吃什麼都要計算熱量，我覺得這太有趣了。他們甚至還會撰寫「科學研究」論文，介紹什麼是卡路里、如何計算熱量，並且提出「如果攝取大於消耗，多餘的熱量就會以脂肪的形式在體內堆積」。往往正是這群人，因為過分強調卡路里而忘記了當初節食減肥的初衷，最終以失敗告終。

最好別死盯著卡路里，而是要明確目標：保持美麗，保持健康，並持之以恆。

我認為應該多去了解食物的相關知識，這將有助於實現目標，這才是減肥瘦身的基本法則。當然需要學習的東西很多，簡單了解一些基本內容就會在飲食上小有裨益。如果繼續深入研究，妳就會從中發現樂趣 —— 不僅對控制個人體

重,而且對全家人的健康都大有幫助。

蛋白質能合成、修復人體組織,增肌護膚,抑制飢餓感。富含蛋白質的食物包括魚、肉、起司、雞蛋、堅果和脫水疏菜[231],如黃豆、豌豆、扁豆等。每週至少吃兩次瘦肉,也可以選擇雞肉,但雞皮脂肪太多,不能吃。

脂肪為人體提供熱量,合成生命和皮膚所需的脂肪酸。動植物類食物中都含脂肪,尤其奶油、食用油、起司、全脂牛奶和肥肉等食物中的脂肪含量非常高,必須控制以上食物的攝取量。

碳水化合物、糖和澱粉為人體,尤其肌肉提供能量。調味糖、糖果、糕點、甜品、麵包、馬鈴薯、稻米、麵粉、通心粉、義大利麵、麵條以及各種穀類食物中都含有大量糖分。如果想瘦身塑形,必須少吃上述食品。可以從水果和蜂蜜中獲取天然糖分。

礦物質。鈣、磷、鈉、碘、鐵等礦物質都是大地和海洋的餽贈。礦物質可以維持人體健康。比如,鐵有助於保持血量充足,使人體富含紅血球。鈣能促進骨骼生長,保持牙齒健康。牛奶、肉類、魚類、水果和蔬菜這些食物中都富含礦物質。

維生素對血液、皮膚、神經和所有人體系統(如循環系

---

[231]　即 dried vegetables。

統、內分泌系統、消化系統等）具有特殊功能。乳製品、全麥食品、肉類、家禽、魚類、蔬菜、水果、酵母這些食物中都富含維生素。

由於減脂期間飲食過於精簡，因此應該透過補充維生素來均衡膳食。

水必不可少。如果沒有水，我們活不了幾天。水能夠清理人體系統中的毒素。水果、蔬菜、肉類這些食物中都富含水分。為了保證精力充沛，身體健康，每天要喝六杯水，但別在吃飯時喝水。

膳食纖維。適量攝取膳食纖維有助於日常排便。穀類、各種生熟蔬菜、沙拉中都富含膳食纖維。要想保持身材不發胖，就要合理規劃飲食，從各種蔬菜中攝取膳食纖維。膳食纖維還可以增強飽足感，有助於控制食慾。

要想改變飲食習慣，最重要的是搞清楚「為什麼改變？」「目標是什麼？」就像一段即將開啟的旅程，過程也許乏味無趣，但堅持到底就會豁然開朗！無論如何要不忘初心，並時刻提醒自己。或許是想要找回活力，讓生命的每一分鐘意義非凡；或許是期待擁有細膩、光滑的肌膚——這個目標完全可以透過飲食來達成；或者更實際點——滿滿一衣櫃的漂亮衣服因為太緊或太小，根本穿不下；或者醫生已經警告：超重會危害健康。無論如何，合理飲食都至關重要。只要想想

結果或者牢記初心，就能輕鬆改變飲食習慣。

跟自己好好談談……現在就定好目標——不要一拖再拖！朝著既定目標行動起來！

下篇　美麗的力量（美容與身心養護指南）

吃出好身材

少吃點，再少吃點。這就是減重的基本法則。要想減重，攝取的熱量必須少於消耗。暴飲暴食再加上運動少就會導致肥胖。大多數情況下，超重都跟腺體功能障礙關係不大（即便換個角度思考）。

攝取的食物能保證人體所需最低熱量就可以了。必須學會適應吃生蔬菜、沙拉和熟青菜。這些食物富含維生素而且熱量低，同時還容易產生飽足感，其中的膳食纖維有助於排便。

下表列出了減脂期的基礎食譜，詳細介紹如何搭配飲食。第一天流食的效果會立竿見影；相比之下，接下來幾天的搭配就豐富多了。

總體原則

- 蔬菜不要煮太熟。
- 肉類、魚類或雞肉盡量水煮或烤熟。
- 細嚼慢嚥。
- 少鹽。
- 如果餓了，吃根芹菜或紅蘿蔔，也可以吃個蘋果。
- 牢記減肥目標，時刻提醒自己。

多吃下列食物：

- 蔬菜類（生熟都可以）：紅蘿蔔、芹菜、花椰菜、洋薊、菠菜、青豆、櫛瓜
- 沙拉類：生菜、菊苣、豆瓣菜、歐芹、番茄、黃瓜、水蘿蔔
- 肉類：雞肉、瘦牛肉、小牛肉、羊肉、火腿
- 魚類：低脂肪魚類，如鰈魚、踏板魚、白鮭魚、扁口魚、鱈魚；所有貝類，如牡蠣、蝦、蛤蜊、龍蝦等
- 乳製品：美式起司、瑞士起司
- 蛋類：每週 6 個左右，替代每餐中的肉或魚。
- 水果類：柳丁、西柚、草莓、樹莓、蘋果、杏、李子、哈密瓜、白蘭瓜
- 飲品：茶、咖啡（無糖）、水
- 脂肪：奶油（每天一塊）或食用油（每天一匙）

少吃下列食物：

- 蔬菜類：豌豆、洋蔥、南瓜
- 澱粉類：烤全麥麵包或黑麥麵包，烤馬鈴薯或煮馬鈴薯
- 水果類：梨、桃、葡萄
- 乳製品：美式起司、瑞士起司
- 飲品：葡萄酒（首選乾白葡萄酒 dry white wine）

下篇　美麗的力量（美容與身心養護指南）

禁食下列食物：

- 蔬菜類：扁豆、玉米
- 澱粉類：麵包、糕點、咖啡蛋糕、蛋糕卷、派、米飯、義大利麵、通心粉
- 冷拼盤：香腸、鵝肝醬、豬肝腸
- 魚類：鯡魚、鯖魚、鮪魚（油浸）、鮭魚、沙丁魚
- 肉類：豬肉、鵝肉、鴨肉
- 飲品：含酒精飲料、非酒精飲料（減肥飲料除外）
- 甜品：巧克力、糖果、橘子醬、果醬、果凍
- 脂肪：動物脂肪（每天可以吃一小塊奶油或者一匙食用油）

減重食譜

此食譜將詳細介紹一日三餐如何安排,幫妳開啟健康減重。兩餐之間喝水,飯後喝點不加奶油、無糖的咖啡或茶。當偶爾外出用餐,無法嚴格執行時,了解自己的飲食結構有助於點菜時選擇正確的食物。

第一天

(盡量多休息)

上午 8 點

8 盎司(約 236 毫升)「橙汁 + 檸檬」汁

上午 11 點

8 盎司蔬菜汁

下午 2 點

1 盅清燉肉湯

下午 5 點

8 盎司繽紛果汁

晚上 8 點

1 盅清燉肉湯

晚上 11 點

優酪乳或 1 杯白脫牛奶,或者喝 1 杯脫脂牛奶

接下來的兩週

起床後

1 杯熱檸檬水（每杯水裡加半個新鮮檸檬）

早餐

1 杯脫脂牛奶

黑咖啡或茶

4 盎司新鮮水果（除香蕉），比如一個中型蘋果、梨或桃子、柳丁；半個西柚也可以。

午餐

2 個水煮蛋

或

熱蔬菜拼盤（不包括馬鈴薯、米飯或豆類）

或

新鮮水果沙拉配檸檬汁

或

什錦蔬菜沙拉配檸檬汁或少量沙拉醬，可以加 1 匙乳酪

2 片薄脆黑麵包

晚餐

1 盅清燉肉湯（選配）

烤肉（2 塊羊排或中型牛排或小牛排），1 杯半熟蔬菜配小塊鮮奶油，4 盎司新鮮水果（蘋果、柳丁、李子、西柚、哈密瓜、草莓都可以）

睡前

優酪乳或 1 杯白脫牛奶

頭兩週後

繼續堅持，直至體重降到正常指標。其中可以偶爾放縱一下（比如受邀外出用餐），但第二天要少吃。

起床後

1 杯熱檸檬水

（加半個新鮮檸檬）

早餐

黑咖啡或茶（無糖、無奶油）

1 片吐司

1 個水煮蛋（選配）

4 盎司新鮮水果（1 個蘋果或橘子，或者半個西柚，或者 2 個李子）

午餐

2 個水煮蛋

或

熱蔬菜拼盤

或

什錦蔬菜沙拉配檸檬汁或少量沙拉醬，可以加 1 匙乳酪

2 片薄脆黑麵包

晚餐

1 盅清燉肉湯（選配）

開胃蔬菜（首選生蔬菜）配檸檬汁或少量沙拉醬

烤肉或煮肉（2 塊羊排或中型牛排或小牛排、雞肉或瘦火腿）

1 杯半熟菜配小塊奶油（蔬菜可以是菠菜、四季豆、洋薊、菊苣、韭菜、紅蘿蔔、抱子甘藍、高麗菜、花椰菜、番茄、茄子、洋蔥）

4 盎司新鮮水果

睡前

優酪乳、1 杯白脫牛奶或脫脂牛奶

下篇　美麗的力量（美容與身心養護指南）

吃出閃亮肌膚

毋庸置疑，從內到外全方位清潔才能保持肌膚清澈、透亮。有些皮膚易受出油、黑頭和瑕疵困擾，就需要透過特別養護來維護皮膚內外清潔。飲食習慣至關重要。不要攝取過多脂肪、澱粉和糖分；多吃含蛋白質、維生素和高鈣食物。適量攝取乳製品有助於補鈣。

宜食

生蔬菜、沙拉 （搭配檸檬汁，應該少油）	茅屋乾酪 瑞士乾酪 優酪乳
瘦肉、雞肉或魚肉，可以火烤、水煮或電烤（不要燉湯）	白脫牛奶 全麥麵包或黑麥麵包 （首選烤製）
水煮青菜配少量鮮奶油（奶油放在盤子裡，煮菜時不要放）	低糖水果（新鮮或燉熟） 果凍
牛奶	每天三餐之間喝6到8杯水

禁食

巧克力	香腸
糕點	肥肉
奶油	肉湯
酒	調味料

飲料	油炸食品、燉菜
豬肉（瘦肉火腿除外）	海鮮

適量攝取

麵包	咖啡
澱粉類食物	茶
雞蛋	

　　繁重忙碌的工作和應酬往往讓人疲憊不堪、無精打采。但只要合理飲食，就能從中獲得源源不斷的能量，而且這些食物通常利於瘦身。如果感到心力交瘁、**鬱鬱寡歡**，一定要試試以下方法……

合理飲食，吃出元氣滿滿

星期一

早餐	晚餐
半個葡萄柚 2 片全麥麵包配奶油 蜂蜜或果醬 咖啡、茶或牛奶 1 個雞蛋（選配）	1 盅清燉肉湯 2 塊烤羊排 鮮四季豆 1 個煮馬鈴薯 1 杯優酪乳 1 小塊糕點
午餐	睡前
紅蘿蔔泥配檸檬汁 2 片冷火腿 生菜搭配橄欖油、檸檬汁 水果羹 1 小杯咖啡或 1 杯牛奶	1 杯牛奶 1 個蘋果

星期二

早餐	晚餐
1 杯橙汁 2 片全麥麵包配奶油 蜂蜜或果醬 咖啡、茶或牛奶 1 個雞蛋（選配）	1 盅蔬菜湯 2 片烤牛肉 花椰菜 馬鈴薯泥 水果羹

午餐	睡前
生芹菜和水蘿蔔 蔬菜什錦 茅屋乾酪 烤蘋果 1 小杯咖啡或 1 杯牛奶	優酪乳 1 個梨

星期三

早餐	晚餐
1 杯西梅汁 2 片全麥麵包配奶油 蜂蜜或果醬 咖啡、茶或牛奶 1 個雞蛋（選配）	1 盅清燉肉湯 烤魚 1 個煮馬鈴薯 蔬菜沙拉 冰淇淋 1 小塊糕點
午餐	睡前
花椰菜配檸檬 2 個炒蛋 優酪乳 1 小杯咖啡或 1 杯牛奶	1 杯牛奶 1 個蘋果

星期四

早餐	晚餐
半個葡萄柚 2 片全麥麵包配奶油 蜂蜜或果醬 咖啡、茶或牛奶 1 個雞蛋（選配）	蔬菜湯 半份烤雞排 水煮花椰菜 1 個烤馬鈴薯 水果羹

午餐	睡前
紅蘿蔔泥 水果什錦 茅屋乾酪 1 小杯咖啡或 1 杯牛奶	優酪乳 1 個水果

星期五

早餐	晚餐
1 杯橙汁 2 片全麥麵包配奶油 蜂蜜或果醬 咖啡、茶或牛奶 1 個雞蛋（選配）	1 盅清燉肉湯 烤牛排或烤魚排 荷蘭豆 馬鈴薯泥 烤蘋果
午餐	睡前
生芹菜和水蘿蔔 蔬菜什錦 優酪乳 小杯咖啡	1 杯牛奶 1 個水果

星期六

早餐	晚餐
1 杯西梅汁 2 片全麥麵包配奶油 蜂蜜或果醬 咖啡、茶或牛奶 1 個雞蛋（選配）	1 盅蔬菜湯 2 塊烤羊排 皇帝豆（Lima beans） 1 個水煮馬鈴薯 水果羹

第4章 美麗飲食—吃出健康與光彩

午餐	睡前
花椰菜配檸檬 2片火腿 奶油生菜配檸檬 小塊糕點 咖啡或牛奶	1杯優酪乳 1個水果

星期日

早餐	晚餐
半個葡萄柚 炒蛋配培根 2片全麥麵包配奶油 蜂蜜或果醬 咖啡、茶或牛奶	2片火腿 蔬菜沙拉 烤蘋果 優酪乳
午餐	睡前
果味雞尾酒 1盅清燉肉湯 半份烤雞排 荷蘭豆、烤馬鈴薯 果凍、小塊糕點 小杯咖啡	1杯牛奶 1個水果

妳夜裡是否輾轉反側，難以入眠？或者剛要躺下休息，就會想起白天的煩心事？這也許由於白天的飲食不合適。如果調整飲食就能讓妳酣然入睡、一覺到天亮，難道不值得嘗試嗎？以下是我們美容沙龍為失眠顧客推薦的食譜。在我們看來，睡眠對於美容非常重要。充足睡眠有助於恢復皮膚光澤，雙眸明亮有神——整個人看起來神采奕奕。

215

下篇　美麗的力量（美容與身心養護指南）

調整飲食，一覺到天亮

高品質睡眠是最好的美容方法，整晚的充分休息對於臉部肌膚、身材乃至整體精神面貌都至關重要。

為此，下面我將為每餐列出 7 種菜品，可以根據自家飲食習慣選擇不同的搭配。

早餐

可以選擇：

2 杯加奶咖啡或奶茶（可以用代糖提高甜度）。

西梅羹、水果羹或西柚羹，加 1 匙小麥胚芽。

1 片全麥麵包（烤麵包或普通麵包），塗少許奶油或蜂蜜。

主菜可從下列選項中任選其一：

水煮蛋

荷包蛋

炒蛋

燻烤鮭魚

脫脂牛奶煨鱈魚或水煮鱈魚

烤瘦肉培根加番茄

瘦肉火腿

間食

1 杯脫脂牛奶（冷熱任選），加 1 匙脫脂奶粉

午餐

冷餐熱餐任選，但必須包含一份什錦沙拉或綠葉青菜：蕪菁、菠菜、甘藍。高麗菜葉和甘藍都富含鎂，能有效緩解疲勞，放鬆緊繃肌肉。

主菜可從下列選項中任選其一：

烤肝、培根配番茄

烤腰子、瘦肉培根配番茄

砂鍋蔬菜雞

瘦肉，如烤牛肉、烤羊肉或小牛肉、烤肉排、烤雞（火雞、野雞都可以，盡量少吃雞皮）

炙烤比目魚或鱈魚

炙烤白魚

（如果喜歡吃馬鈴薯，可以帶皮煮或烤，這樣做可以確保馬鈴薯中的維生素和礦物質不流失。）

茶飲

2 杯茶，可以加檸檬或少量牛奶，不加糖（可以選擇代糖）。

晚餐

晚餐應該包含一份蔬菜沙拉或者黃綠色蔬菜，可跟午餐不一樣；此外還要吃新鮮水果，最好是柑橘或蘋果。

主菜可從下列選項中任選其一：

起司蛋捲

荷包蛋配起司醬

花椰菜、甘藍或者焗紅蘿蔔

番茄洋蔥派

燻鱈魚配番茄

砂鍋鱈魚

雞蛋沙拉

午餐和晚餐最後，可以吃點起司。

午餐和晚餐的選擇可以對調，但要確保每日攝取足夠食物。

如果發現原本輕而易舉完成的工作越做越難、無法集中注意力，感覺精神渙散、心浮氣躁……別擔心，可能只是有點神經衰弱，其實很多人都會出現類似狀況，只是沒意識到而已。這些症狀或許也跟飲食有關。可以透過調整飲食，重獲鬥志和熱情。調整飲食一週後，效果會讓許多人大為驚嘆──瘦身減肥同時，還能變得思維敏捷！

改善飲食，事半功倍

起床後

早起先喝 1 杯熱檸檬水。

如果臉部、前胸、後背發現疹子、痤瘡，可以用 2 盎司檸檬汁西梅羹代替熱檸檬水。睡前準備好，醒了再喝。半小時後再喝 1 杯熱水。連續喝 1 個月，然後每週 3 次，堅持 4 週。

早餐

全穀類食物（冷熱任選），搭配新鮮水果或水果羹。

1 個水煮蛋或煎蛋，**或炙**烤瘦肉培根（非油炸），搭配番茄或魚肉（鯡魚、鯖魚、醃魚、鱈魚、龍利魚、鱒魚）。

1 片全麥吐司，塗少許奶油。

加奶咖啡或奶茶，無糖。

午餐

1 大杯番茄汁

1 盅清湯或肉湯

1 大份綠色沙拉

水果羹搭配優酪乳、果凍或碎起司

下篇　美麗的力量（美容與身心養護指南）

晚餐

　　清湯、肉湯、哈密瓜或西柚，四選一

　　魚肉（如扁口、鱈魚、龍利魚），禽類或瘦肉、牛肝、牛腰子或牛雜

　　1份綠葉菜、1份黃色蔬菜（如紅蘿蔔、蕪菁）、1個中型水煮馬鈴薯或烤馬鈴薯（帶皮）

　　水果羹或新鮮水果

　　苗條的女人總是喜歡炫耀自己的骨感美，而她身邊的朋友卻始終在努力減肥。但如果有一天苗條變成了消瘦，那骨感美也就變成骨瘦如柴。如果感覺自己過瘦，或者莫名其妙地日漸消瘦，就應該去看醫生。準備透過調整飲食重獲婀娜身材前，必須搞清楚除了焦慮、緊張或者高強度工作外，沒有其他原因導致消瘦。醫生會根據情況做出準確判斷，所以一定要諮詢醫生。

　　同時，請牢記以下建議和食譜。

吃出豐滿、婀娜身材

增重祕方

- 午餐和晚餐前,先放鬆 10 分鐘。
- 每天喝 6 到 8 杯水。
- 細嚼慢嚥。
- 早餐要豐盛,慢慢吃。
- 每天到戶外散步,多晒太陽。
- 每天做 10 分鐘慢節奏、低強度運動。
- 盡量睡足 9 小時。午餐和晚餐後稍作休息。
- 盡量放鬆,放慢節奏。
- 少吸菸,或者不在飯前吸菸。
- 天冷要多穿衣服。
- 盡量克服緊張、煩躁、焦慮,這些情緒會造成體重下降。
- 排便規律至關重要。

建議上、下午和睡前各喝 1 杯牛奶。

下篇　美麗的力量（美容與身心養護指南）

星期一

早餐

  1 杯柳橙汁（8 盎司）

  3/4 盅燕麥粥

  2 片黑麥吐司或全麥吐司，抹奶油

  茶或咖啡，加奶油加糖

午餐

  2 個煎蛋捲

  蔬菜什錦沙拉，配 2 匙法式調味醬

  2 片黑麥吐司或全麥吐司，抹奶油

  1 片鮮鳳梨

  茶或咖啡，加奶油加糖

晚餐

  芹菜心、水蘿蔔

  1 盅奶油湯

  1 份烤牛肉

  1 個中型烤馬鈴薯

  1 份青豆

1片奶油麵包

1份蘋果派

茶或咖啡，加奶油加糖

星期二

早餐

半個（大號）西柚

2片培根

1個水煮蛋

2片奶油全麥吐司

加奶咖啡或奶茶，加糖加奶油

午餐

1大份水果沙拉，配法式調味醬

2片奶油全麥吐司

1盅奶羹

茶或咖啡，加奶油加糖

晚餐

生菜心，配俄式調味醬

1份肉湯麵

下篇 美麗的力量（美容與身心養護指南）

烤扁口魚

1份新鮮皇帝豆

1份甜菜

1片奶油麵包

1份西米露

茶或咖啡，加奶油加糖

星期三

早餐

1盤加糖燉大黃（一種類似芹菜的蔬菜）

1份玉米片

2片奶油全麥吐司

茶或咖啡，加奶油加糖

午餐

1份蔬菜拼盤，配水煮蛋

蔬菜配奶油（1塊）

2片奶油黑麥麵包

1盤草莓，加糖加奶油

茶或咖啡，加奶油加糖

晚餐

1 盅番茄肉湯

1 份牛肝

2 片酥脆培根

1 份鮮蘆筍,配荷蘭醬汁

1 份南瓜

1 片奶油麵包

1 塊蛋糕

茶或咖啡,加奶油加糖

星期四

早餐

1 杯西柚汁(8 盎司)

2 個煎蛋,加奶油

茶或咖啡,加奶油加糖

午餐

1 盅清湯

1 份蔬菜沙拉,配蛋黃醬

2 個奶油鬆餅

1 杯全脂牛奶

1 塊派

晚餐

1 份水果杯

2 片燻火腿

1 個小型烤蕃薯

1 份菠菜

1 片奶油麵包

1 塊巧克力蛋糕

茶或咖啡,加奶油加糖

星期五

早餐

1 杯西梅汁

1 盤燕麥片

1 個溏心蛋

2 片奶油黑麥吐司

加奶咖啡或奶茶,加糖加奶油

午餐

奶油湯

蔬菜沙拉,配蛋黃醬

2個中型奶油麵包捲

1個烤蘋果,多加奶油

晚餐

1盅蛤蜊濃湯,配餅乾

1份水煮鮭魚,配蛋黃醬

1份青豆

1份燉番茄

1片奶油黑麥麵包

1塊多層蛋糕

茶或咖啡,加奶油加糖

星期六

早餐

1盤蘋果醬

4片培根

2 片奶油全麥吐司

茶或咖啡,加奶油加糖

午餐

1 份起司舒芙蕾[232]

1 小份番茄沙拉,配法式調味醬

2 片奶油全麥麵包

茶或咖啡,加奶油加糖

1 串葡萄

晚餐

手指紅蘿蔔、芹菜心

1 份奶油湯

1 份烤牛肉餅

1 份高麗菜

1 份起司焗馬鈴薯

1 片奶油黑麥麵包

1 份水果杯

2 塊餅乾

茶或咖啡,加奶油加糖

---

[232] 即 Soufflé。

星期日

早餐

半個西柚

2 個煎蛋捲,加 1/4 杯火腿碎

2 片奶油全麥吐司

茶或咖啡,加奶油加糖

午餐

番茄沙拉,配蛋黃醬

半隻烤雞

1 個中型水煮馬鈴薯,配奶油和歐芹碎

1 份花椰菜

1 個奶油麵包捲

1 小份冰淇淋

1 塊餅乾

茶或咖啡,加奶油加糖

晚餐

蔬菜什錦沙拉,配法式調味醬、4～5 隻蝦、奶油起司

3 片薄脆黑麵包,抹奶油

下篇　美麗的力量（美容與身心養護指南）

1 盤水果羹

2 塊餅乾

茶或咖啡，加奶油加糖

第 5 章
活力鍛鍊──
讓身體曲線更迷人

下篇　美麗的力量（美容與身心養護指南）

難以想像，倫敦首家美容沙龍開幕時，女性當時為了避免閒言閒語，選擇從側門進出！如今，我們生活在一個多元的美容保養時代，尤其在運動美容方面尤為明顯。運動可以促進血液循環，有助於排毒、提亮膚色，讓肌肉更加緊緻。運動還能控制體重，幫女性擁有自信身材。

或許因為運動如同空氣一樣唾手可得，所以未得到應有的重視？在我看來，運動首先要克服懶惰，大多數人似乎很難堅持每天擠出時間鍛鍊。但如果下定決定，就會設法每天抽出時間，做些伸展和屈體運動，高舉雙臂做深呼吸，這樣就能讓整個人感覺精神抖擻，神采奕奕。

我先講個故事。幾年前一個夏天，我在瑞士度假。每天清晨起床後，我都要到室外快走。空氣中瀰漫著三葉草的香氣，沁人心扉。山頂尚有白雪覆蓋，天空萬里無雲，牛群沿著阿爾卑斯山脈行走，牛鈴叮噹作響。瑞士的夏天清新迷人。每天我都會遇到一位身材高挑、滿頭白髮的女性。她的步態看起來像個青春少女，自由自在，活潑輕盈。此外，她的體態也讓我印象深刻。一天，我應邀玩四人橋牌，發現搭檔正是每天清晨走在我前面的白髮女人。當時我激動不已。沒想到她已經七十多歲了。接下來幾天，我經常跟她聊天，我倆也就慢慢熟絡了。一天早上我問她：「夫人，您知道，我一直致力於女性美容。我想告訴您，您走路的姿勢散發出一種超凡脫俗的感覺！您是怎麼做到的？如何堅持？」

第 5 章　活力鍛鍊─讓身體曲線更迷人

「謝謝妳的褒獎，我很開心，」她說：「方法其實很簡單。每天早起前做 5 分鐘拉筋，保持身體柔軟，我已經堅持 50 多年了。做好熱身，然後快步走。」

這位女士已經將運動融入日常生活。我們何不嘗試一下？只要能堅持下去，即便到了七十歲，步態還像少女一樣！無論多麼忙碌，哪怕是日理萬機，每天總能擠出時間運動。

起床前後的運動

- 起床前，保持仰臥，兩腳腳跟交替向床腳伸展。然後交替抬腿，動作要慢。（等雙腿力量加強後，可以雙腿同步）抬腿時吸氣；放下時吐氣。
- 接下來，雙臂向後伸過頭頂，盡量伸展。向前抬起雙臂，直至與身體成直角，指尖盡量向上伸展。放鬆。伸展時吸氣，放鬆時吐氣。重複 10 次。
- 站起身後雙腳併攏站好，雙膝挺直，慢慢彎腰，直到手指碰到地面。即便剛開始搆不到地面，不要放棄，盡量完成動作。堅持每天 10 次，很快，隨著身體柔軟度增強，就能輕鬆完成這個動作。
- 直立，深呼吸，雙手向天花板伸展。然後，從身體兩側放下雙臂。抬臂時用鼻子吸氣，放下時用嘴吐氣。重複 10 次。

可以像我一樣，利用浴缸鍛鍊

利用浴缸鍛鍊也是個不錯的選擇。在洗澡的同時，進行臉部運動和手腳鍛鍊（詳見「手指和腳趾」）。在水中訓練會輕鬆不少，因為水有浮力。我最希望能像羅馬人那樣在游泳池裡洗澡。游泳是全世界最好的運動方式。如果缺乏柔軟度，利用浴缸鍛鍊有助於改善關節僵硬，特別適合體力有限的老年人。

運動讓人精神煥發

晚間運動的黃金時間是 6 點左右。忙碌了一天會覺得渾身疲憊。運動是全世界最好的提神良藥，尤其配合深呼吸——上舉時吸氣，放下時吐氣。回家後運動一下，然後舒舒服服地沖個澡，躺下休息 5-10 分鐘。換上乾淨衣服，享受整晚的輕鬆愉悅。

選擇適合自己的運動

以下是赫蓮娜美容沙龍為不同人群量身定製的運動項目。根據個人情況，選擇合適的運動。溫馨提示：在鏡前運動可以事半功倍。

柔軟度訓練

體態與平衡訓練

距離牆面4英寸背身站好。選取帶環形把手的彈力帶作為輔助工具，雙手握住環形把手。收腹，背部輕靠牆面。向前跨步，膝蓋放鬆。拉緊彈力帶，雙臂舉過頭頂。保持該姿勢不變，身體先向右側彎曲，然後再向左側，保持雙臂和後背貼近牆面。重複5～10次。

臀部訓練

坐在地面，雙腳併攏，膝蓋伸直。雙手握住彈力帶舉過頭頂，左右臀部交替向一側平移。雙肩保持水平。然後反方向移動。來回各10次。

胸部、頸部、上臂訓練

雙手握住彈力帶環形把手。從背後拉緊彈力帶，將其固定在肩胛骨處。雙臂抬起與肩同高，肘部伸直，雙掌向前方併攏。然後緩緩打開雙臂，直至雙臂平展，下巴前伸。手掌再次併攏，重複。

腰部與側腹訓練

　　雙手握住彈力帶環形把手。雙臂舉過頭頂，盡量向兩側拉開。拉緊彈力帶，上身向左、右傾斜。

腹部、臀部、腰部訓練

　　用雙腳固定彈力帶兩端環形把手。仰臥，腳趾向上。雙手握住彈力帶中間。藉助彈力帶的拉力坐起。然後再躺下，重複動作。

大腿（股直肌）與小腿訓練

　　用雙腳固定彈力帶兩端環形把手。仰臥，腳趾向上。雙手握住彈力帶中間。保持上身緊貼地面，雙腿伸直抬起，然後慢慢放下，保持膝蓋伸直。

大腿（肱二頭肌）訓練

　　用雙腳腳踝固定住彈力帶。仰臥，雙臂張開與肩同高，膝蓋彎曲，雙腳踩住地面。雙腿伸直，向上抬起後張開雙腿，盡量向兩側拉彈力帶。併攏雙腿，膝蓋彎曲，雙腳著地。

塑型訓練

臀部與大腿訓練

仰臥，雙臂、雙腿呈「大」字分開。右腿盡量向身體左側轉體，然後慢慢復位。換左腿。重複 10 次。

腰臀訓練

仰臥，雙臂舉過頭頂，向兩側拉彈力帶。屈膝抬至胸前，雙腿併攏，臀部向一側轉體。保持雙臂貼地，復位後向另一側轉體。重複 10 次。

腹部訓練

仰臥，雙臂從兩側抬起至與肩同高。雙腿伸直，腳趾向上，雙腿抬起，然後放下。剛開始重複 10 次，然後逐漸增加。

腿部和膝蓋訓練

抓住椅背靠近站好，保持背部挺直。下蹲後做 3 次屈膝跳。起身，保持背部挺直。重複 5～10 次。

大臂訓練

仰臥，雙腿伸直，雙臂握住彈力帶舉過頭頂，彈力帶對摺 2 次。雙臂快速向體前舉，緩慢放下，全程保持雙臂伸直。重複 30 次。

頸部訓練

仰臥，雙臂從兩側抬起至與肩同高，手掌向上。頭部和肩部抬起，下巴盡量向胸部伸展，雙手不要離開地面。慢慢復位。重複 10 次。

全身訓練

坐下，雙腿向兩側張開。左手從臀部左側扶地。右臂和右臀向左側伸展，盡量拉伸（包括指尖和腳趾）。換另一側。兩側各做 10 次。

第 5 章　活力鍛鍊—讓身體曲線更迷人

放鬆訓練

緊張焦慮已經成為現代社會普遍問題。女性要同時扮演諸多角色，既要做飯、開車，照顧好孩子的同時，還要在職場打拚。以下訓練有助於緩解壓力。

足部放鬆

抬腳趾。雙腳站立，保持前腳掌著地，同時抬腳趾。

翻腳背。雙腳平行站立，腳背向外側翻轉，同時腳趾向下彎曲。

拉伸跟腱。腳跟著地站立，盡量屈膝。（長期穿高跟鞋容易造成跟腱變短。）

緩解腿部及全身疲勞

雙腿交叉／盤腿坐好，上身前傾，徹底放鬆。

臀部靠前坐在椅子上，保持膝蓋伸直，雙腿盡量前伸，腳趾向上，腳跟著地——感受拉伸！同時向上拉伸背部肌肉。

找一把帶扶手的椅子坐好，雙手扶住扶手，抬單膝，盡量靠近鼻子，保持腳趾向上，腳跟向下。

緩解頭部、頸部、肩部緊張

在椅子上放鬆坐好。頭部慢慢向右轉至極限,復位,然後向下伸展,復位。重複。換方向,向左轉頭,復位。再向右轉。(動作越慢效果越好。)

在椅子上坐直,上身前傾,雙臂前伸後舉過頭頂,向後壓肩。向後打開雙臂至椅背後,握住雙手,抬頭,兩肘盡量靠攏。

沉肩,抬下巴,然後前伸,慢慢向胸部伸展。抬下巴,重複。

舉起雙臂向上拉伸,雙手放在頸後,按摩頸部和肩部。

法式臉部操

以下臉部、下巴和頸部的全新訓練來自赫蓮娜巴黎美容沙龍。

下巴、頸部、下頜訓練

張嘴,前後活動下顎骨。保持肩部挺直、頭部與頸部在一條線上。然後左右活動下顎骨。

後背挺直,頸部保持不動,頭部畫圓運動。注意頭不要過度前伸。360度畫圓。先從右至左,然後從左至右。(對改善「老年駝背」非常奏效。)

臉頰、皺紋修復訓練

用雙手食指、中指和無名指按住顴骨下方。對抗手指壓力,微笑。然後放鬆。(修復皺紋和臉頰下垂。)

眼部訓練

雙眼閉合,用力擠眼,收緊眼部周圍肌肉。(對改善眼袋、眼瞼下垂,調整眉弓非常有效。)

下篇　美麗的力量（美容與身心養護指南）

前額

　　用雙手拇指和食指沿髮際線向後按摩頭皮，雙手食指相對。

　　如今，很多職業都需要久坐，缺乏運動，導致身體越來越鬆懈乏力、反應遲鈍。想要健康就必須運動。運動能帶給妳一生的優雅和美麗。

　　將運動融入生活。

　　邁開腿、多運動，就能擁有幸福人生！

第 6 章
化妝藝術 ——
讓自己成為百變女王

下篇　美麗的力量（美容與身心養護指南）

　　化妝是時代的產物，也是時尚的寵兒。女性只需掌握基礎保養常識，加以適當調整，就能受用一生。但如果化妝手法一塵不變，妝容很快就會過時，美麗也就會大打折扣。

　　妝容通常有「流行」和「過時」之分。而女性的優雅取決於對二者的精準判斷。呈現給他人的妝容必須符合時代審美，最重要的就是發現時尚、感知流行，並從時尚中選出最適合自己的妝容。

　　流行的妝容總是隨著時尚變化而改變。在衣著強調自由休閒風的時代，妝容通常主打健康，因為兩者之間息息相關。如果時裝開始強調女性溫婉，流行褶邊和裁剪細節，同時優雅成為時代主題，那麼妝容就應該突顯亮白！

　　流行的唇色從淺到深，再到飽和明亮，然後又重回淺色。淺色可以突顯雙眸，飽和明亮可以提亮膚色，深色能讓膚色看起來熠熠生輝。

　　切記，化妝能讓妳成為「百變女王」。色彩反映的情緒各不相同，從冷若冰霜到熱情似火。女性都明白，白天逛商場和晚上參加舞會需要不同妝容。

　　我之所以一直強調「皮膚保養」的重要性，是因為我堅信，化妝是為了彰顯肌膚健康，是為了錦上添花，而非遮擋和掩蓋。

第 6 章　化妝藝術—讓自己成為百變女王

　　那化妝到底能帶來哪些改變呢？化妝能讓肌膚煥然一新、為精緻肌膚增光添彩，還能遮蓋細微瑕疵。化妝還能調整臉型，突顯雙眸。總之，化妝可以創造奇蹟。

下篇　美麗的力量（美容與身心養護指南）

化妝常識

- 選擇光線充足處，如窗邊化妝；選擇能放大區域性細節的化妝鏡檢查妝容。
- 晚上化妝需要輔以強光。
- 化妝前要心中有數，然後再動手。透過反覆練習，訓練手眼協調。
- 化妝切莫著急，務必認真仔細。
- 嘗試最新化妝技巧，讓雙眼變得神采奕奕；遮蓋疲態，修飾臉型。
- 用乾淨化妝棉，擦掉多餘粉底。
- 細節決定成敗，注重細節！
- 輕妝淡抹。

化妝順序

- 保溼乳液
- 粉底
- 遮瑕霜
- 腮紅
- 定妝粉
- 眼妝
- 唇妝

保溼乳液

取適量保溼乳液塗抹臉部。乾燥肌膚可待其完全吸收後，再次塗抹。留意眼周、嘴角和額頭附近的乾燥皮膚。

粉底

將粉底輕輕塗在鼻子、臉頰、下巴和頸根處，向上均勻推開，讓粉底覆蓋臉部和頸部，包括頸部後方和上方。下眼瞼處，可將粉底輕輕向上均勻塗抹直至(下)睫毛。用毛巾沾去多餘粉底，不要擦拭！如果臉部微血管和瑕疵明顯，可以

再薄薄塗抹一層遮蓋。眾所周知，粉底能保護皮膚，解決棘手問題，提亮膚色。因此，選擇能突顯自然膚色的色調。

儘管膚色千差萬別，但大致可以分為三類：

中性色系 —— 白色到橄欖色。

粉色系 —— 淡粉色到深瑰色。

金／黃色系 —— 米白色到古銅色。

選擇粉底

最好用手肘內側皮膚試色，因為此處很少受到日照，效果更明顯。粉底顏色應盡量靠近自然膚色，不宜過暗或過亮。塗抹後應盡量讓全身膚色均勻不跳色，為後續環節打好基礎。

粉底款式眾多，每款都專門為特定膚質設計。因此，選擇適合自己的粉底至關重要。

粉底顏色千差萬別，與個人膚色接近的色號為首選。但如果想用粉底改變膚色，應該準備深、淺兩款粉底。混合兩種色號的效果往往比一種更好。

飾底乳自帶粉底和保溼成分，有多種顏色可供選擇，具有保持皮膚水潤的功效。

隔離霜具有潤膚功效，適用於大部分膚質（除過度出油的皮膚外），尤其適合中性肌膚和乾性肌膚。

第 6 章　化妝藝術—讓自己成為百變女王

粉餅的遮瑕功效適用於皮下微血管明顯或暗瘡皮膚。

薄透粉底效果清新自然，每位女性都應為特定場合準備，用於調整、還原自然膚色，而且持妝長久。

藥用粉底對痤瘡、瑕疵皮膚來說必不可少，遮瑕同時還能修復肌膚。

防晒乳包含保溼成分，敏感肌膚人群如長時間待在戶外，可以用防晒乳防晒。

粉底液和散狀粉底適用於所有類型肌膚，使用後皮膚光滑透亮。

粉底一定要塗抹均勻，覆蓋整個臉部和頸部。（穿低胸禮服時，別忘了塗抹肩膀、後背和胸部。）

修容

對於新手來說，其實只需記住一個簡單的原則──打亮突顯，陰影收縮。其實就是利用「光影」修飾臉部輪廓。跟攝影師修圖一樣，藉助顏色揚長避短，修飾面容。

下顎輪廓過寬。在雙眼下方沿太陽穴方向塗抹少量淺色粉底，增加臉部上方寬度，視覺上收窄下顎輪廓。還可以用指尖在下顎輪廓塗抹少量深色粉底，進一步收窄下顎。

鼻子過寬。用深色粉底在鼻翼兩側打出陰影，收窄鼻子

下篇　美麗的力量（美容與身心養護指南）

寬度。沿鼻梁中線用淺色粉底打亮，勾勒精緻鼻型。

鼻子過長或過尖。均勻塗抹少量深色粉底，讓鼻子看起來更加圓潤。

下巴內縮。用指尖在下巴塗抹少量白色唇膏或粉底提亮，在視覺上前推下巴。

雙下巴。在下巴下方用深色粉底打出陰影，自然銜接到下顎。

臉頰過寬。在顴骨下方用粉刷打陰影，瘦臉。

臉部過寬。在臉部兩側從太陽穴至下巴打陰影。

法令紋。用淺色粉底遮蓋法令紋，邊緣處要自然銜接，然後上定妝粉。

相信用不了多久，妳就能學會如何利用粉底液和散狀粉底勾勒理想臉型，揚長避短。

腮紅

腮紅可以分為液狀、膏狀和粉狀三種。腮紅液質地細膩；腮紅膏上手簡單；腮紅餅適合快速補妝。腮紅液和腮紅膏通常和粉底液、粉底霜搭配使用；腮紅餅一般與粉餅搭配使用。還有最新推出的「腮紅粉」，用於增加整體光澤，勾勒臉部輪廓。

在掌心擠適量腮紅膏或腮紅液，加入少量粉底。用手指在眼部下方中央位置、兩頰、鼻尖偏上和眼角下方分別點少許腮紅。然後沿太陽穴向上向外暈開，銜接處要自然。盡量打出絨霧狀效果，不要太突兀！腮紅如果塗太多，會搶了雙眼的風頭。

如果臉部較窄，兩頰腮紅適當外分。

如果臉部較寬，兩頰腮紅適當拉近。

如果臉部較長，增加兩頰腮紅面積。

巧用腮紅，對抗衰老，趕走倦容

如果面色蒼白，顯得憔悴疲憊，可以在前額、臉頰兩側及太陽穴抹少許腮紅。然後將前額和臉頰兩側的腮紅向眼角方向暈染，與臉頰自然銜接，然後再向髮際線方向暈染。這樣，即便妳疲憊不堪，看起來仍然面色紅潤，光彩照人。

腮紅與眼睛

如果眼角有笑紋，可以向外眼角方向由下至上塗抹腮紅，直至眼角，力道要輕。這樣就能將別人的注意力從皺紋轉移到腮紅！

腮紅與鼻子

如果鼻尖受冷後容易變紅，可以在鼻尖抹少許遮瑕粉底後鋪粉，然後在下巴塗一點膏狀或粉狀腮紅。在粉嫩鼻子和下巴的陪襯下，紅鼻尖就不會顯得那麼突兀。

腮紅與耳朵

如果盤髮，記得在耳垂抹點腮紅。生病或過度節食有時會讓耳垂看起來蒼白如蠟，顯得整個人精神欠佳。一抹腮紅能讓妳容光煥發，而且搭配耳飾會顯得更加絢麗奪目。

腮紅與粉底

每個人都有面色蒼白的時候。可以在米色粉底中加入少許嫩粉色腮紅，然後輕輕塗抹整個臉部，就能讓整個人看起來神采奕奕。注意，只需少許即可，否則就會變成「大紅臉」。

定妝粉

定妝粉作為經久不衰的化妝品，我一生親眼見證它不斷推陳出新、日新月異！市面上各種色號的定妝粉讓人應接不暇。我驚嘆其精緻考究的質地以及千差萬別的色號！

使用定妝粉

如果粉底中已含有定妝成分，有些場合可以考慮不用定妝粉。使用定妝粉時，用乾淨的粉撲或化妝棉沾取足量定妝粉，然後用沾滿定妝粉的粉撲拍打臉部，包括前額、雙眼、臉頰、下巴、鼻子和前頸。畫眼妝的同時，讓定妝粉在臉部靜置片刻。然後用化妝棉輕輕擦去多餘粉末，將臉頰兩側汗毛壓平，避免在光照下「現身」。

第 6 章　化妝藝術—讓自己成為百變女王

選擇定妝粉

　　定妝粉要選擇比自己膚色稍深的色號，效果更加自然。如果面色略顯蒼白或蠟黃，可以選擇以桃色或粉色為底色的定妝粉。如果喜歡色彩鮮豔，淺色系定妝粉一定能帶給妳驚喜。但對於因年齡增長而出現的面色蒼白，最好選用深色系定妝粉。但注意，深色定妝粉容易在鼻孔處卡粉。

定妝粉的神奇妝效

　　定妝粉可以打造最精緻神奇的妝效。勇於嘗試，用心專研，不斷嘗試疊加使用的新方法。比如，可以嘗試在深色定妝粉上再鋪一層淺色。或者上完粉底霜後再薄薄鋪一層定妝粉，打造柔順絲滑的妝效。但究竟如何搭配，才能打造適合個人膚質、體現個性的妝容，一切由妳決定。

打造驚豔眼妝！

　　眼睛會說話，可以表達情感，可以結交朋友。眼睛本來就很美，如今，在現代技術和化妝品的幫助下，眼睛一定能大放異彩。

眼影 —— 神助攻

　　眼影主要分柔白和暗影兩種色系，常見眼影有眼影膏、眼影液和眼影粉，每種都各有所長。眼影搭配仔細熟練的手

下篇　美麗的力量（美容與身心養護指南）

法，能放大雙眼，增強色彩，讓原本空洞的眼神變得更加神祕，更具吸引力。

如何塗抹眼影

先在上眼瞼鋪粉，然後選擇適當顏色的眼影從上眼瞼中間開始，沿斜上方向外畫至眉梢。力求色彩柔和、邊緣銜接自然。然後上少量定妝粉定妝。

關於眼影色號的建議

選擇眼影色號取決於眼睛顏色，我個人喜歡強調色差。可以試試用紫色系眼影搭配灰色眼睛、棕色系眼影搭配綠色眼睛、紫色系眼影搭配藍色眼睛。眼影色差會讓眼睛更加引人注意。還可以考慮眼影與服飾的統一、互補或反差，甚至可以根據服飾顏色搭配眼影。偶爾還可以嘗試用兩種色號眼影調配新顏色。

眼影手法

畫好眼影的關鍵在於手法，而最重要的就是感覺。下面列舉一些常規手法。

畫出大眼睛。在上眼瞼摺痕線畫眼影，然後向上暈染至眉梢，打造「大眼」效果。

修飾扁平眼。在眼瞼摺痕線以上畫眼影，同時在眉毛下方畫深色系眼影。

遮蓋衰老。在眼瞼摺痕線以上、盡量靠近眉毛處畫眼影。

修飾斜視。在眼瞼中部和上部畫淺色系眼影。

眼線筆

眼線筆種類繁多。無論筆觸粗細，都可以勾勒、修正眼部輪廓，遮掩眼部缺陷，強化色彩。可以按照個人喜好，根據眼影或睫毛搭配眼線筆。眼線要畫在睫毛根部，不要畫到睫毛上。手法精準的眼線能讓女性煥然一新。

如何畫眼線

無論眼線膏、眼線筆，還是眼線液，手法都大致相同。畫眼線時要向下看，化妝鏡鏡面略微傾斜。先在上眼瞼畫條細線，盡量靠近睫毛根部，然後從眼頭向上、向外畫。畫線的同時稍微抬起上眼瞼，便於畫出平滑的線條。經過反覆練習，就可以畫出精緻的眼線。有些場合的眼線可以畫得彎一點，寬一點。如果為了舞臺效果，可以選擇眼線液。畫出的眼線會更厚重持久，不易暈妝。（畫之前可以先在手背點幾下，避免因眼線液過多，顯得眼線過於凌亂。）

幾點提示

為了突顯眼睛整體效果，眼線盡量畫細且靠近睫毛根部。從內眼角起筆，向外眼角畫。

杏眼。在上、下眼瞼的外部勾畫，至外眼角處上揚。

圓眼。只在上眼瞼外部勾畫。外眼角處不要上揚。

吊梢眼。從上眼瞼內眼角處起筆向外眼角勾畫，筆觸稍重一些。

神奇的睫毛膏

睫毛膏在我眼中始終充滿神祕。我一生熱愛戲劇，那些偉大演員能透過臺詞和肢體語言，展現想像和魅力。但如果沒有極具表現力的雙眼，她們的表演就會大打折扣。我小的時候，只有女演員才敢用睫毛膏，難怪她們的眼睛總是回眸一笑百媚生。多年後，我才能將當初僅限舞臺使用的睫毛膏帶給全世界女性，使其飛入尋常百姓家。

真不敢想像如今的女性如果沒有睫毛膏會怎麼樣？而且無需再將睫毛膏裝在小盒子，每次先用水化開才能用。她們僅需用睫毛刷（頂部呈螺旋狀的小棒）直接沾取，就能打造捲翹、根根分明的睫毛。有的睫毛膏還新增了微小顆粒，只需（沿睫毛生長方向）滾動幾次，就能讓睫毛變得濃密纖長。更重要的是，很多睫毛膏都防水、防汗，不用擔心脫妝。而且現在的睫毛膏固色效果好，即便吹風淋雨，也不會輕易掉色。

使用睫毛膏的「對」與「錯」

正確做法。使用睫毛膏時，不管是電動睫毛刷、液狀睫毛膏，還是乳狀睫毛膏，都要從睫毛根部刷至睫毛尖。畫睫毛時手不要抖，不要眨眼，頭不要亂動。在睫毛上薄薄刷2-3次。幾秒後再塗一遍，就能獲得濃密纖長、效果自然的睫毛。

錯誤做法。上、下睫毛一次塗抹過多，導致睫毛黏連。

睫毛膏色號

睫毛膏色號分基礎色和特殊色兩類。多數女性日常化妝通常選擇基礎色，而特殊色號則是為特殊場合準備。基本色號包括黑色、棕色、淺棕和炭灰。黑色最引人注目，但除非是烏黑秀髮，否則太搶眼。棕色也屬於暗色系，但相對而言柔和不少。如果髮色金黃，淺棕色就能畫出深邃效果。對於皮膚白皙、金髮或銀髮的女性來說，首選炭灰色，效果自然，而且不太搶眼。

午夜藍，顧名思義，燈光下看起來比普通黑更黑。翡翠綠、寶石藍和紫羅蘭幾種顏色都能突顯眼睛顏色，特別在夜晚，當頭頂上方光線干擾眼睛顏色時，效果尤為明顯。為了變美，任何「技巧」都合情合理。

下篇　美麗的力量（美容與身心養護指南）

睫毛膏魔法

將上眼瞼中心處睫毛向上捲翹，能讓眼睛變圓。

多刷幾次上睫毛，就會變得濃密、纖長。

刷上、下睫毛末端，可以改善金魚眼。

上眼瞼如果翹起幾根睫毛，可以獲得意想不到的效果──年輕又時尚。

一位《時尚》雜誌前任編輯曾私下透露：「我出門時可以不戴帽子，也可以不戴手套，但如果沒用睫毛膏，我會覺得自己一絲不掛！」她說得沒錯，隨著年齡增長，她的睫毛變得越來越少。但只要用點睫毛膏，就能讓她的眼睛看起來年輕十歲。

漂亮的眉毛

每個人都會不由自主地對他人某方面特徵好奇，而我喜歡眉毛。

眉毛之所以有趣，因為它們獨一無二、千差萬別。其實每對眉毛都存在細微差別，它們沿著眉骨生長，發揮保護作用。普普通通的眉毛，只要稍做修剪、再塗點顏色，就能變得非常漂亮。**但修眉務必謹慎。**

畫出漂亮的眉毛

用鉛筆以鼻孔為起點垂直向上，鉛筆與眉毛的交點就是眉頭。保持起點位置不變，將鉛筆末端向外旋轉。當轉至外眼角時，鉛筆與眉毛的交點就是眉尾。如果眉毛過長，可以用鑷子將多餘眉毛拔去幾根。（使用鑷子前務必用酒精消毒。）鼻梁上多餘的眉毛都要拔掉。

有人認為眉峰應該位於瞳孔正上方。其實眉峰並沒有固定位置。但我覺得最好不要強行改變眉毛的自然弧度。如果眉毛低，想稍微抬高眉弓，可以從下沿邊緣適當拔掉少許眉毛。但務必謹慎——拔幾根眉毛，效果會天差地別。

記住，抬高眉毛能讓眼睛看起來更大。隨著年齡增長，眉毛逐漸開始下垂，與眼睛間的距離越來越近。沿眉毛下邊緣小心拔掉幾根，能讓眼睛顯得更大，看起來也更年輕。

染眉

染眉常用的三種工具包括：

- ◆ 眉筆 —— 色彩多樣、質地豐富
- ◆ 眉刷 —— 用來沾取眉粉，上色後緊貼眉毛
- ◆ 染色膏

染眉後，眉色會變得更深。因此染眉時一定要少量沾取、謹慎上色。否則，即便稀疏的眉毛看起來也會厚重、突兀。

下篇　美麗的力量（美容與身心養護指南）

眉筆

　　最好能用眉筆畫出類似羽毛狀的筆觸。不要過於苛求眉筆顏色與眉毛原色一模一樣。在眉毛周圍畫出深淺有致的陰影，效果更加自然。

眉刷

　　相對於人盡皆知的眉筆，眉刷的效果更加柔和。用斜角眉刷沾上眉粉，眉刷對著內眼角緩慢旋轉至眉梢。儘管不像眉筆那麼持久，但眉刷的效果更加柔和。如果希望畫出飽滿有形的眉毛，推薦使用眉刷。

染色膏

　　如果髮色從黑色染成金色，就會顯得黑眉毛特別突兀、不協調。當然，眉毛也可以染色，但千萬不要在家裡自己弄！眼睛太重要了，絕不能冒險。必須到美容沙龍請細心的專業人士處理。在美容沙龍，妳可以戴上防護眼罩，躺下閉目養神，由專業人士幫妳完成。

修飾眼部

　　凹陷眼也能大放異彩。在靠近睫毛位置向上塗抹淡淡的眼影或畫出柔和的眼線，增加眼瞼弧度。在上眼瞼摺痕線上方塗抹深色眼影，然後用指尖沿斜上方向外眼角輕輕暈開。拔掉下緣眉毛，提高眉毛整體高度。

金魚眼可以透過拉長眉毛進行修正。從虹膜正上方沿眉毛方向塗中度灰或棕色眼影。靠近睫毛根部用淺色眉筆畫一條細線，適當拉長眉毛。輕輕塗抹少許淺色睫毛膏即可。

眉毛下方凸起是因為骨骼結構增生或突出，但通常由於疾病、年齡增長和疲勞所致。可以用灰色或棕色眼影降低凸出部位反光，修飾眉部隆起。然後在睫毛附近用淺綠色、藍色或青綠色眼影進一步修飾。

小眼睛需要多費點功夫。眼影、眼線筆和睫毛膏一樣都不能少。如果效果還是差強人意，可以用假睫毛。從睫毛向眉毛末端均勻塗抹眼影。在靠近睫毛線位置畫深色眼線，從內眼角起筆，由粗變細。

搭配使用眼影、眼線、睫毛膏和假睫毛，嘗試不同色號眼影。最終或許發現，只需在上睫毛外側刷睫毛膏，再用透明眼影提亮上眼瞼即可。切記，精緻的眼妝能改變整個臉部表情，可以讓妳從其貌不揚變得魅力四射。花點時間和精力探索適合自己的眼妝──打破常規，發現獨門祕笈。

唇妝

如果眼睛和眉毛會說話，唇部也能展現個性。從 20 世紀初流行的嘟嘟唇，到 20 年代克拉拉‧鮑 [233] 優雅的弓唇，瓊‧

---

[233] 克拉拉‧鮑（Clara Bow，1905-1965），美國女演員，1920 年代演出無聲電

克勞馥[234]誇張的闊唇，再到如今奧黛麗·赫本[235]自然、富有表現力的嘴唇。當下流行的唇形強調無拘無束、嘴角上揚、賞心悅目、隨心所欲。

口紅和唇刷是修飾唇形的最佳搭檔。許多女性認為口紅就足夠了，其實唇刷能帶來更多的修唇技巧。唇刷不僅能精準勾勒唇部輪廓，修飾唇形，還能輕鬆上色。一旦用慣了唇刷，就會愛不釋手。貂毛唇刷尖頭設計，使用壽命長，是唇刷中的上品。最新推出一款專門用來勾勒線條輪廓的細管口紅。這款口紅使用方便。有了它，塗口紅變得事半功倍。

修飾唇形

盡量避免 V 線（銳角線）或者直斜線，盡可能根據自然唇形，勾勒出飽滿圓潤的曲線。

許多化妝師指出，塗口紅時應該合上嘴唇，用小拇指抵住下巴保持穩定，同時肘部支在梳妝臺上：

- 先用唇線筆在下唇最低點畫一條水平短線。
- 從左側嘴角向下唇中央勾勒曲線輪廓。
- 再從右側嘴角到下唇中央勾勒輪廓。

影成名。

[234] 瓊·克勞馥（Joan Crawford，1904-1977），美國女演員及百事可樂公司董事會主席之一，第 18 屆的奧斯卡影后。1999 年，美國電影學會評選她為百年來最偉大的女演員第 10 名。

[235] 奧黛麗·赫本（Audrey Hephburn，1929-1993），英國女演員，曾擔任聯合國兒童基金會親善大使。

- 用唇刷上色。
- 在上唇中央、鼻孔正下方畫2條垂直短線，標出唇峰位置。
- 從左側嘴角到唇谷，勾勒上唇左側輪廓。
- 從唇谷向右側嘴角，勾勒右側輪廓。
- 用唇刷上色。

「**大嘴**」可以透過遮蓋嘴讓嘴變小。先用粉底遮蓋天然唇線，用毛巾吸乾水分，讓粉底更牢固，然後用指尖塗少量定妝液。

確保上色區域不超出天然唇線，選擇色號柔和的口紅，不要用顏色過淺的色號。

「**櫻桃小口**」可以透過從唇峰向嘴角勾勒輪廓達成。同時下唇輪廓稍微內壓，平衡雙唇。可選用淺色、明亮的口紅。

嘴角下垂，可以透過上提上唇外角唇線加以改善。

唇妝飽滿，塗口紅後用毛巾吸乾水分，然後重新塗口紅。

唇妝持久，在上述兩個環節中間，上一層粉底。

兩種色號搭配，效果更好

想要外擴唇形選淺色系；收緊唇形選深色系或柔和色系。要想突顯唇部，可以選淺色口紅。這樣就能均衡緊緻上唇與

豐滿下唇，或者讓下唇顯得更飽滿。

口紅色號要考慮膚色和髮色。最開始，可以根據個人膚色和服裝顏色，選擇深、淺各一款口紅。然後再根據不同季節造型，陸續增加其他色號。藍色或藍紫色服飾，需要搭配至少一款藍色系口紅；棕色系、米色系、黃色系和綠色系服飾要用金色系口紅襯托，黑白色系服飾可以用亮紅色口紅形成強烈反差。有些中性色號口紅在戶外會顯得非常柔和、耐看。

一般情況下，黑髮應該搭配明豔的顏色，而金色、紅色和灰白髮色應該搭配柔和、中性的暖色。年輕女孩塗淺色口紅顯得溫柔、漂亮；成熟女性用淺色號口紅也同樣美麗動人。

紐約赫蓮娜美容沙龍研發的「15 分鐘化妝流程」，經測試，妝容能維持一整天。

◆ 用洗面乳徹底清潔、喚醒皮膚，塗上保溼霜。用毛巾吸去多餘水分。（1 分鐘）
◆ 在掌心滴適量粉底液，用另一隻手指尖，將粉底液點在額頭、鼻子、兩側臉頰及下巴 5 處。雙手（不僅指尖）由下至上、由裡到外，將粉底液均勻塗抹開。用毛巾吸去多餘水分。（1 分鐘）
◆ 將液體腮紅和少量粉底液在掌心混合後，分別點在兩側顴骨（每側 3 下）。用指尖均勻塗開，直至完全吸收。（2 分鐘）

- 按照額頭、眉弓、眼瞼、鼻子、兩側臉頰、臉部下半部分、嘴唇、下巴、頸部的順序鋪粉底。為了避免頸部出現明顯色差或弄髒衣服，應選擇與頸部膚色相近的粉底。（30秒）
- 用粉撲擦去眼部周圍以及眉毛上的粉底。在睫毛線附近畫眼影，向上向外暈開。可以稍微多塗一點，方便暈染，多餘的眼影非常容易清理。塗得太少容易變成一條線。（1分鐘）
- 用貂毛刷沾取防水型眼線液，在上眼瞼靠近睫毛線位置仔細勾勒。（4分鐘）
- 上睫毛塗抹睫毛膏。（1分鐘）
- 用乾淨的化妝棉，向下輕輕擦去多餘粉底。（30秒）
- 用眉筆修飾眉毛弧度，顏色根據髮色和膚色選擇。（2分鐘）
- 修飾唇部、塗口紅。（2分鐘）

新手剛開始完成上述步驟可能要超過 15 分鐘。但熟能生巧，花費時間會越來越少。

如果還有時間，可以再追加一個環節，專門應付炎熱天氣或者需要整天待在戶外的情況，尤其對深受油性肌膚困擾的女性非常有效。可以將化妝棉用冷水浸溼後，滴上幾滴化妝水，然後輕輕拍打臉部和頸部，用來「定妝」。這樣，臉部

就能保持光滑、水嫩。

最後再給上年紀的女性一點建議。年長女性化妝的黃金法則就是「淡妝」。淡妝看起來更自然，以免出現與年齡不相符的「塗牆」妝效。粉底、腮紅、粉餅、口紅、眉筆、睫毛膏都要適量，眼影要選擇柔和色號，切忌用深色系眼影，更不要塗太多。

殘留在眼瞼細紋中的眼線或眼影會特別顯老。藍色眼睛可以選擇淺藍色和淡紫色眼影；深色瞳孔可以選用青綠色或淡綠色眼影，搭配淺粉色或珊瑚色口紅。睫毛膏可以選擇深棕色或灰色，千萬不要用黑色。

眉毛經常帶給年長女性困擾。隨著年齡增長，臉部輪廓鬆弛，眉毛整體下垂。可以刮去底部眉毛，再用眉筆輕輕在眉毛上方重新勾勒眉形。棕色和灰色眉筆疊加使用，效果最自然。

腮紅應該塗在顴骨最高點，然後向太陽穴方向暈開，形成淡淡陰影。鋪好粉底再上腮紅膏，不僅方便，而且效果好。千萬不要在鼻孔以下塗腮紅，會突顯嘴巴兩側和臉部下方，此處最容易暴露年齡。

無論是妙齡少女還是年過六旬，切記，淡妝才是頂級化妝師的首選。要根據環境光線來調整妝容。相對於人造光，自然光更容易讓妝效明豔。

第 6 章 化妝藝術—讓自己成為百變女王

　　永遠不要畏懼嘗試。只有不斷嘗試新顏色和新手法，才能讓妝容煥然一新，別具一格。

下篇　美麗的力量（美容與身心養護指南）

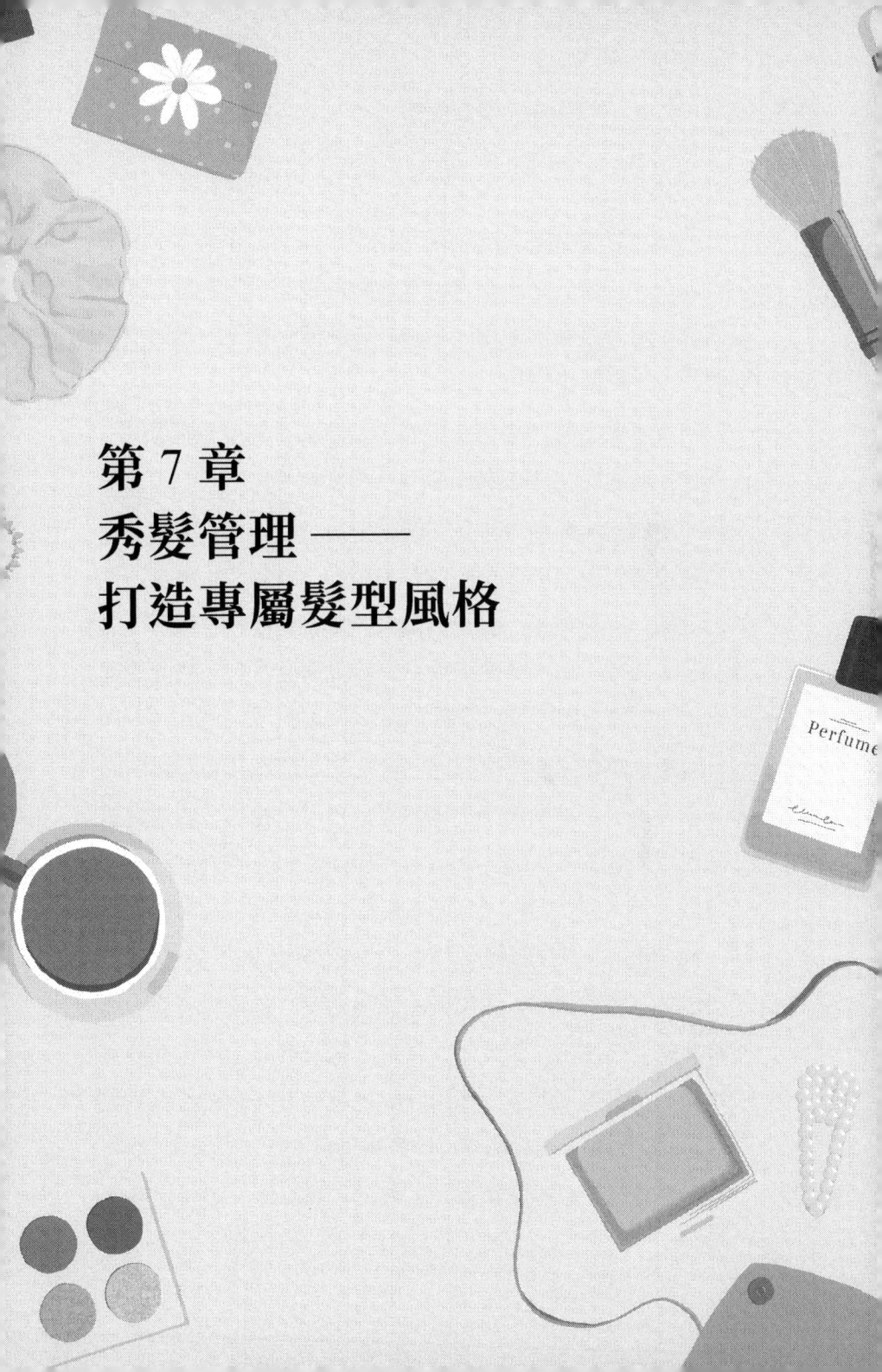

第 7 章
秀髮管理——
打造專屬髮型風格

下篇　美麗的力量（美容與身心養護指南）

一頭秀髮應該並且能夠讓女性引以為傲！容易打理的秀髮自然可以輕鬆打造出很多時髦流行的髮型。如今，即便細軟如絲、最難打理的頭髮，在護髮產品的保養下，也能重新煥發活力，輕鬆搞定。

隨著各式各樣護髮用品問世，如今如果有女性還說「自己不會打理頭髮」，那就真的就落伍了。

即便如此，髮梳依舊是正確護髮最重要的工具。儘管傳統和習慣會因時而變，但堅持每天梳頭 100 次卻永遠是保持秀髮健康、亮澤的不二法門。對於「生活中最好的都是免費的」這種說法，我一般會質疑。但當看到自己多年精心梳理和保養的滿頭秀髮時，我驕傲地宣布，這種說法完全正確。

回想小時候，我對自己的頭髮非常不滿意。當時我的頭髮又直又黑，跟時尚流行根本沾不上邊。請相信，我嘗試過各種髮型，最終不得已選擇了唯一貌似適合自己的髮型——將頭髮向後梳成髮髻，盤在腦後。幸運的是，由於每天梳頭，所以頭髮一直保持健康光澤，至今仍是長髮及腰。

梳頭能刺激頭皮，利用天然油脂滋潤、養護髮質。每次梳頭都將天然油脂梳到乾燥的髮梢。梳頭時要低頭，從髮根梳至髮梢，每次用髮梳輕輕向外拉扯頭髮。這樣做可以促進血液循環，刺激血液流向頭皮，滋養毛囊。

妳會發現，頭髮起初看上去很油。漸漸地，頭髮煥發生

第 7 章　秀髮管理─打造專屬髮型風格

機、充滿光澤，變得越來越容易打理。幾週後，出油髮質恢復正常，乾枯髮質得以改善，之前討厭的頭皮屑也逐漸消失。整個人看起來年輕不少。

既然梳頭如此重要，我一般會推薦美容沙龍顧客使用品質上乘的豬鬃梳。橢圓形豬鬃梳能輕柔深入髮絲，將油脂由髮根梳至髮梢，而且不易損傷髮絲。如果保養得當，一把好梳子能用很久。

保持髮梳清潔非常重要。梳子越潔淨，效果就越好。否則，如果梳子中殘留傳染性皮屑，極易影響頭皮健康。梳頭時可以在雙腿上鋪條長毛巾，隨時用毛巾擦去梳面上的汙垢。

了解一些基本護髮常識也非常重要。作為皮膚最重要的衍生物，毛髮從血液中獲取營養。每根頭髮從髮根至髮梢逐漸變細，髮根包裹在毛囊中，平均壽命從幾個月到 6 年不等，正常是 2 到 4 年。

頭髮脫落前，髮根和毛囊間會形成空隙。髮根逐漸鬆動，然後脫落，留下空毛囊。不久後，新頭髮再重新長出。

切記，髮質可以反映整體健康情況！飲食不當會導致髮質乾枯……節食會造成頭髮營養不良。高度緊張也會影響髮質。日照容易造成頭髮乾枯，此外，頻繁燙染也會導致大面積掉髮。

下篇　美麗的力量（美容與身心養護指南）

　　常有女性抱怨：「我的飲食一直營養均衡啊！」她們似乎沒意識到，有時人體無法吸收營養。即便飲食合理健康，但髮質仍然會越來越差。人到中年經常出現腺體紊亂，這也許是導致髮質變差的誘因。具體如何調整，請遵醫囑。此外，遺傳也是中年掉髮的主要誘因。如果髮量少，可以選擇能遮蓋髮際線的髮型，或者在髮量稀少的地方帶上假髮片。

　　如果髮質差，多梳頭、刺激毛囊、促進血液循環！血液循環有助於毛髮生長。每晚多睡幾小時。換一種蛋白護髮素。利用護髮素營養，改善髮質。或者嘗試染髮，部分染髮膏能在上色同時，滋養髮質。

　　軟髮通常細軟如絲，如果保養得當也可以如絲綢般柔軟光澤。齊剪法修剪能在視覺上看起來更加蓬鬆。燙髮也能讓這種髮質易於打理，看起來更加豐盈。

　　粗硬髮通常健康飽滿、堅韌有彈性。經過專業髮型師的精心修剪，會非常有型。但梳髮仍然必不可少，它能將天然油脂分布均勻，讓頭髮保持柔順、有光澤。

　　捲髮在直髮風靡之時，顯得格格不入。但如今，短捲髮在巴黎大受歡迎。使用電棒和護髮素能防止髮質乾枯，還能減少捲髮弧度。聰明的髮型師能剪出自然捲，更便於造型；或利用自然捲打造持久髮型。

　　直髮也並非全直，經常會帶些弧度。如有需要，可以透

過剪短、打薄、分層等手法修剪出自然波浪。直髮只需保持光澤，梳成簡單髮型就非常漂亮。直髮好看與否取決於光澤度和顏色，這兩點非常容易達成。

乾枯髮質需要每次洗髮後用護髮素。堅持每天按摩，促進頭部血液循環。梳頭也能讓髮質保持光澤、易於打理。

油性髮質可以選擇專用洗髮精，每週洗兩三次就能有效控油。還可以透過燙髮讓頭髮蓬鬆，吸收多餘油脂。指尖按摩也能改善乾枯髮質和油性髮質。剛開始，梳頭和按摩後會感覺頭髮出油更多；但堅持一段時間，就能提高頭髮的自我修復能力。

頭皮屑與其說可怕，其實更令人討厭，而且影響形象。有點表皮細胞代謝物不足為奇，但如果頭皮屑過多就不正常了。關於頭皮屑成因及其解決方案眾說紛紜，有些專家認為，導致頭皮屑氾濫的罪魁禍首是皮脂腺功能障礙；還有專家認為是新陳代謝異常、血液循環不暢、飲食不合理、洗頭方式不當，或者激素失衡，甚至精神緊張等因素所致。

我的選擇是勤洗頭，每次都要徹底清洗，而且洗頭前後要反覆梳頭。如果不太嚴重，用去屑洗髮精就能解決。但如果頭皮已經出現炎症發紅，務必就醫。（千萬不要嘗試自己解決）頭皮屑並不可怕，但會影響皮膚健康，所以必須想辦法解決。

下篇　美麗的力量（美容與身心養護指南）

髮型

　　許多女性來到沙龍，會滿懷期待地諮詢該如何選擇適合自己的髮型。她們覺得可選的髮型太多，擔心自己選錯。

　　當然，最好的辦法就是找一位手藝精湛、品味極佳的髮型師。他能設計出完美的髮型，完全不用妳操心。但遺憾的是，像這樣大師級的髮型師往往工作很滿，要提前幾個月預約；或者收費太高；抑或妳所在的小鎮壓根沒有這種級別的髮型師。該怎麼辦呢？

　　喜歡戴帽子嗎？想想自己喜歡的帽子，想想那些帽子的外型、大小和款式，然後依樣畫葫蘆。戴一頂藥盒帽（Pillbox）是不是很漂亮？如果換成蓬鬆的捲髮，或者在相同位置紮個髮髻，也會同樣漂亮。

　　平時喜歡戴頭巾嗎？比如戴在頭部靠後位置，頭巾緊貼雙頰，頭頂留出足夠褶皺。可以嘗試用蓬鬆髮型包臉，顧頂向後拉高。或者剪個短髮，側髮修剪平滑，略帶弧度。

　　不妨將髮型想像成大自然饋贈的一頂帽子，以此來選擇適合自己的髮型。這個方法對以下族群特別適用：比如，即便在最正式的場合都不戴帽子的女性；出門衣著講究，選擇戴面紗或在短髮上別上蝴蝶結的女性。此外，用來定型上色的染髮膏、漂洗劑和染色噴霧也能讓自己變得時尚。

第 7 章　秀髮管理—打造專屬髮型風格

就我個人而言，一直喜歡戴帽子，可能聽起來有點老派，但我無法想像自己大白天頭上什麼都不戴，出現在色彩斑斕的城市。這是個人喜好。大多數年輕女性，尤其擁有一頭秀髮的女性，即便不戴帽子也很漂亮。但在特定場合，一頂精心挑選的帽子會顯得更加端莊、優雅。

時尚髮型

每次換季，雜誌或朋友圈都會出現全新的「時尚」髮型。從字面理解，是指造型師根據巴黎最新款式女裝和女帽設計的流行髮型。這些髮型有時會讓人覺得有點奇怪，那是因為大眾審美還沒跟上時尚變化。但用不了多久，去年流行的髮型就會被廣為接受，之前難以接受的髮型會讓所有人為之駐足。特立獨行和走極端並不能代表時尚，一切取決於自己心情。

我的建議是，多關注時尚髮型新聞，然後選擇適合自己的髮型。這樣才不會出錯。切記，大道至簡。

永遠不要自己修剪頭髮。如果想髮型精緻、容易打理，一定要交給專業髮型師。這筆開銷一定物超所值，新髮型可以兼顧三種時尚風格，幫妳輕鬆應對不同場合。

田園風

休閒田園風，即便到了郊外，也不會被風吹亂，依舊漂亮。

都市風

突顯都市氣質，強調當下流行的時尚感。

商務風

同一髮型，只要稍作調整，搭配當下流行禮服，讓妳在晚宴上萬眾矚目。

現在妳應該明白，好髮型能兼顧不同場合的時尚需求。妳還會驚喜地發現，整個人和日常穿搭都會變得魅力四射。選對髮型，穿搭也會更加得體。

髮色

染髮劑是這十年來最偉大的發明之一。妳不必再為天生的灰褐髮色而耿耿於懷。如今，妳可以像選化妝品一樣，隨意挑選自己喜歡的髮色。

但是嘗試新髮色一定要謹慎。染髮的奇妙之處就在於可以千變萬化。如果不確定要染什麼顏色，可以先試試半永久，然後再做永久染髮。我建議最終決定前，先徵求專業人士的意見。

半永久染髮可以經受至少 5 次洗髮。這種染髮並不是將深色漂淡，而是透過增加灰度，將白髮和淺灰色頭髮染成金色、金褐色、黃褐色、棕色或黑色。染髮後，金髮會變得光

第 7 章　秀髮管理─打造專屬髮型風格

亮耀眼；棕褐髮色搭配古銅色皮膚也顯得格外漂亮。有幾十種顏色可選。如果喜歡滿頭銀髮，一絲金髮都沒有，或者喜歡銀髮而非白髮，有許多種銀色可供選擇。

我曾經對髮色非常保守。直至今日，我仍然堅持自己的原則，尤其對年輕的孩子。我不贊同青少年「為了好玩」，隨心所欲改變髮色。但過去幾年，我親測了許多新款染髮產品，這些產品在指導下完全可以放心使用。如果使用得當，這些染髮產品一定會讓女性變得更年輕、更漂亮。如果沒有專業人士指導，我不建議徹底改變髮色。如果不滿意暗褐色頭髮，無論如何都要染成金色，那一定要謹慎，要在專業指導下染色，否則結果可能會令人大失所望。等慢慢有經驗後，就可以大膽嘗試了。很多效果不錯的永久性染髮，在家就能輕鬆搞定。但要每隔二、三週花點時間維持髮色。

選擇顏色

染色跨度不要太大。如果一次跨過 20 個色號，反差太大，還會對髮質造成巨大傷害。如果從深褐色染成金色，就必須做強力褪色；而從橘紅色染成有光澤的深紅棕色就相對簡單，而且效果也非常不錯。

最保險的辦法就是選擇與天然髮色同色系的顏色。金髮可以從淡金變成灰金，或者從灰金變成金黃，而且這種變化搭配膚色將非常漂亮。（當然可以透過化妝調整膚色。）

一般情況下，四十歲以上的女性會選擇比年輕時天然髮色略淺的顏色，而非再現此前髮色。她們會覺得前者更漂亮。比如，將烏黑秀髮染成略帶淺棕或金色光澤的深棕色，甚至可以染成深灰金色。相對於黑色，後者更加柔和耐看，還能更好地襯托中年女性的皮膚。

切記，改變髮色有兩種方法，一種是分解天然色素（漂染），另外一種是人工著色（染色）。可以二選一。但為了達到預期效果，通常會同時採取上述兩種方法。儘管染髮膏種類繁多，但主要包括：褪色膏、一次性、半永久和永久染髮膏幾種。

褪色膏

褪色膏透過分解天然色素，讓髮色變淺。如果想褪兩個色號以上，就需要進行**預漂洗**。預漂洗時，搭配使用褪色膏和漂染劑，能分解大多數色素，確保底色足夠淺，便於後續染色。預漂洗後，推薦使用稀釋指數較高的**染髮劑**進行染色。

一次性染髮膏

使用一次性染髮膏後，效果自然，能隨時洗掉。一次性染髮膏通常分染髮膠囊和染髮洗髮精兩種。

第 7 章　秀髮管理—打造專屬髮型風格

半永久染髮膏（又稱焗色）

有些半永久染髮膏能保證洗髮五次不褪色。使用後，可以提亮、增強天然髮色，在髮絲表面形成保護層，有效遮蓋淺色頭髮，讓髮色更顯均勻。

永久性染髮膏（染髮劑）

永久性染髮劑必須與過氧化氫等氧化劑搭配使用。染色膏將透過毛幹，滲入髮絲中央，達成永久上色。染色膏可以淡化髮色，但如果想淡化兩個色號以上，必須做好預漂洗。當下許多染色膏都包含營養成分，使用後髮質會更顯光澤。（染髮膏又稱「染髮劑」）

如果第一次染髮，最好交給專業人士。觀摩他人如何操作，能學到很多東西。即便日後自己動手，也能從中受益匪淺。

最重要的是一定要認真閱讀說明，嚴格按要求操作。染髮相當於化學反應。不能像口紅一樣，塗完了再擦掉。千萬不要即興發揮，不要抱著試一試的心態……更不要標新立異！我知道，極具創造力的女性都喜歡標新立異！這是非常難得的特質，尤其在化妝品和化妝領域，我非常認可和欽佩。但染髮對於非專業人士來說太複雜了。

無論染髮還是改變髮型，都能讓妳發現之前從未留意的美；但請務必謹慎，一定要嚴格按照要求去做。

下篇　美麗的力量（美容與身心養護指南）

不可思議的假髮

我認識一位女性電視名嘴，每天要穿梭於不同的攝影棚，但她總能在鏡頭前展現最佳狀態。她的祕訣就是各式各樣的假髮：休閒的、正式的、長髮款、短髮款，而且總有 1-2 款假髮要送到美髮沙龍修剪。對於普通女性來說，日常生活不必如此精緻。但這位名嘴之所以被評為「鏡頭前衣品最佳女性」，得益於她整齊得體的髮型。

為了不讓諸位對假髮產生偏見，我想起一位年輕銀行家的妻子。為了陪丈夫參加宴會，她特意戴上精心修剪的義式短款假髮。她發現，當自己與丈夫及其朋友們見面時，不必再為打理頭髮而煩惱。這頂假髮到底是誰買的呢？是她睿智的丈夫。在他看來，與妻子的從容淡定和魅力四射相比，花這點錢微不足道。

假髮並不一定是完整的髮套，也可以是髮髻、幾綹捲髮、一根辮子，或者根據前額量身定製的瀏海，或者是戴在頭頂，讓後腦顯得髮量飽滿的髮片。

如今假髮已經深受歡迎，女性不必刻意隱瞞自己戴假髮。有的女性還會為自己有好幾組假髮感到驕傲。我喜歡假髮。我認為假髮迎合快節奏的時代需要，不少女性從事兩份甚至三份工作。假髮可以節省時間。在充滿壓力和意外的當下，對於困擾女性的老生常談「我的頭髮該怎麼整理」，或許假髮給出了答案。

第 8 章
從指尖到足尖──
全身細節護理

下篇　美麗的力量（美容與身心養護指南）

　　雙手可以展示性格，表達情感，還可以透過手部動作傳達美的精髓。無論移動或者靜止，雙手都可以表達內心的鎮定、猶豫、興奮，甚至愛意。雙手緊握、撥頭髮、點菸、無目的地亂摸，這些都代表內心緊張。平穩沉著的雙手舞動起來，就像鳥兒一樣優雅而充滿節奏。即便素不相識，對方也能感受妳平和有序的心態。漂亮的雙手能讓對方留下更多「美的印象」。

　　他人如何評價妳的雙手？妳能否像肖像中的淑女一樣，優雅地將雙手放在腿上，保持不動嗎？首先，美麗的雙手在靜態下必須優雅迷人。

　　試試這個最簡單的手部訓練。坐在直背椅上，腰部靠住椅背。上身坐直，挺胸、收腹、抬頭。靜坐兩分鐘。吸氣──暫停；吐氣──暫停。私底下多加練習，保持情緒穩定。保持坐姿而並沒有吃力的感覺非常重要。雙腳著地，用一隻腳的腳跟抵住另一隻腳內側。抬起下巴，雙手手掌向上或向下，微微張開，疊放在膝蓋上。這種坐姿常見於中國皇后、英國宮廷夫人或西班牙貴族女性的肖像畫中。坐姿自然放鬆，雙手擺放得當是女性展現尊貴和風度的入門級功課，讓女性盡顯端莊、優雅。

　　可以站在鏡子前模擬講話，審視手部動作是否優雅。在有限空間內，手部動作不宜過大。學會用雙手講話，但切記──動作不宜過多。必須有意控制手部動作。

保養雙手 每次做家務時,比如洗碗、洗衣服,需要將雙手浸泡在洗滌液中,無論時間長短,都應該塗上護手霜,保護雙手。儘管會洗掉部分護手霜,但至少能減少手部皮膚與刺激性溶液的接觸。如今,清洗類家務已不必再用高溫熱水、強力肥皂或刺激性洗滌劑了。洗衣精給出完美解決方案。這種洗滌劑一般呈液狀,僅需在冷水中加入幾勺,再將精緻內衣或羊毛衫浸入其中,揉搓幾次,用冷水沖洗乾淨就可以了。洗完雙手依舊柔嫩如初(小包裝特別適合旅行攜帶)。也可以選擇戴上橡膠手套。但建議戴手套之前,先塗護手霜。

養花種草如何保護雙手 可以選擇戴棉質手套保護雙手。如果需要雙手接觸土壤(園藝大師經常這麼做),可以提前在指甲縫裡塗些白肥皂(脂肪酸甘油酯鈉鹽)。移栽更容易傷手,務必在動手前塗上喜歡的護手霜。園藝愛好者必須經常修剪指甲,不宜過長。

如何延緩手部衰老 這是我每天都要思考的問題。每晚睡覺前,我都會像做臉部護理一樣認真清潔、按摩雙手,塗抹護手霜,按壓、揉搓每根手指,從指根到指尖。讓護手霜在手上維持一夜,不僅能軟化雙手,還能有效淡化雀斑,抑制老年斑出現。沒錯,我會在睡前戴好舊的白色棉手套,防止護手霜弄到床單上。

還有幾個延緩手部衰老的「小撇步」

- 在沒塗指甲油的情況下,用浸有礦物油的化妝棉包裹指尖,溢出的油脂對手部保養有益無害,能有效保養指甲。這種方法如果在晚間使用,記得戴上棉手套;也可以在白天空閒時使用。
- 可以不定期在指關節和手腕處敷手膜。

美甲

每次寫美容的書（多年來已寫了好幾本），就會有人問：「能不能介紹一下美甲？」儘管如今每個人都了解美甲的基本規則，但有時大家還是會忽略一些重要細節，比如不要銼甲溝，容易出問題。

接下來，我將為美容新手以及那些想借鑑赫蓮娜美容沙龍美甲項目的讀者，提供一些基本操作：

◆ 用卸甲油徹底清除原有指甲油。將化妝棉浸溼後按壓指甲幾秒，不要來回擦拭。如需要可以重複。

◆ 用溫水洗掉卸甲油。

◆ 用棉花棒沾取軟化劑，沿指甲後緣、兩側和前沿輕輕向後推開指甲邊緣外皮。（千萬不要剪掉外皮；可以用死皮剪修剪倒刺。）

◆ 重新洗手，搓掉死皮。

◆ 用砂紙指甲銼（不能用金屬銼）將指甲修成圓潤的橢圓。注意甲溝處不能用力銼，否則會造成指甲斷裂。指甲邊緣可以用指甲銼細面打磨。

◆ 將雙手放在桌面，塗底膠，晾乾。

◆ 上指甲油。塗兩層會更持久，顏色也更豔麗。第一層薄

塗，第二層厚塗。用拇指指肚擦去另一隻手上指尖處的指甲油。
- 趁指甲油未乾，塗封層。
- 如指甲油出現區域性脫落要及時修補。
- 可以選粉紅色、珊瑚色或紅色指甲油；晚上可以選擇彩虹色，金色和銀色。
- 小福利：偶爾給指甲放個假，不塗指甲油，只需輕輕打磨拋光，讓指甲煥發自然光澤。
- 如果指甲經常開裂、脫落、斷裂，請立即在每次修剪指甲後，先塗抹專用指甲硬化劑，然後再上指甲油。剛開始每週兩次，堅持兩週。然後改為每週一次，直到指甲徹底恢復狀態。

第 8 章 從指尖到足尖—全身細節護理

美足

旅居羅馬期間，我住在威尼託大街一棟臨街公寓。公寓露臺非常漂亮，離街道不遠。有時我會在露臺一邊用餐，一邊觀察街上來來往往的路人 —— 有在夏日傍晚散步的行人，也有清晨步履匆匆的上班族。從中，我發現一個值得深思的問題！有些衣著講究的女性，走路時好像雙腳不舒服，由於重心不穩，看起來盡顯老態。隨後走過的職業女性，端莊大氣，泰然自若。因為她知道怎麼走路！這時我才意識到，一直被大家忽略的雙腳，也是展現女性美的關鍵所在。

感覺腳部不適的女性，走路肯定不好看。她們就像在熱炭上行走，拖著疲憊的雙腳，努力抬起一隻，然後換另一隻。坐下來也並非單純為了坐一會兒，而是雙腳足弓早已不堪重負，實在堅持不住了。而且這種疼痛會隨著體重超標而愈發嚴重。其實很多女性會發現，如果能減掉二三十磅的超標體重，立刻感覺步伐輕盈、體力充沛。

然而，為妳日夜奔波的雙腳卻很少得到應有的關注和保養。我猜想大概是因為常年穿著鞋襪，即便雙腳出現老繭和雞眼也能瞞天過海。但隨著光腿、露腳趾和腳跟的鞋子越來越流行，女性也開始意識到，必須注重腳部保養。古往今來，漂亮的雙腳始終是展現女性魅力的關鍵所在。

下篇　美麗的力量（美容與身心養護指南）

以下是腿部保健、護理的基本流程：

◆ **堅持每天泡腳**。每天泡腳與清潔臉部和雙手同樣重要。如果沒時間每天泡澡，至少堅持每天泡腳。在浴缸邊放條毛巾，在溫水中活動腳趾。提高水溫後繼續泡幾分鐘，待水溫下降後再結束。結束一天的勞累後，簡單泡個腳能讓原本疲憊麻木的雙腳頓感輕鬆，有效緩解疲勞。

泡腳時，加點食鹽或硫酸鎂效果更好。記得海邊戲水的快樂嗎？用鹽水泡腳與之有異曲同工之妙，硫酸鎂還能有效緩解足部疲勞和疼痛。

◆ **保持雙腳乾爽**。泡腳後一定要徹底擦乾，尤其腳趾縫，能預防腳蘚以及常見的足部真菌感染。洗澡游泳後，用軟毛巾擦乾雙腳，晾乾幾分鐘。建議擦點爽足粉，尤其容易出汗、滋生細菌的腳趾縫。早晚洗完腳先擦點爽足粉，然後再穿襪子。每次換鞋時也要在鞋裡撒點爽足粉，可以有效防止溼氣積聚。由於尼龍襪不吸汗，因此上述建議非常必要。

◆ **留心足部小問題，及時治療**。準備一些專門處理雞眼、老繭和水泡的足部護理用品。這些工具幾乎在所有藥妝店、平價商品店都能買到，用來緩解鞋子磨腳，解決大大小小的足部刺激。

- **嘗試自己修腳**。除了個別細微差別,修腳其實跟美甲差不多。修腳需要用到趾甲銼、趾甲鉗(與指甲鉗不同)、棉花棒、軟化劑,還有指甲油。用棉花棒沾取軟化劑,向後輕輕推開死皮。仔細清理趾甲縫和趾甲邊緣。修剪趾甲應採用直剪。這一點與修剪手指甲不同。如果修剪成圓形,容易導致嵌甲。如果修不好,可以每月請修腳師修剪一次。我個人建議定期請修腳師處理。
- **謹慎選擇鞋襪**。襪子、家居拖鞋、網球鞋,還有日常穿的高跟鞋和平底鞋都要合腳。鞋子不合腳,容易誘發跟腱滑膜炎,造成腳趾變形、體態異常,還會導致雞眼、老繭和水泡。舒適的鞋應該在鞋頭留有足夠空間,鞋底穩定支撐足弓,鞋跟的高度要充分考慮步數。
- **按摩與鍛鍊**。腳部同樣需要透過鍛鍊,保持最佳狀態。可以嘗試用腳趾撿彈珠或其他小物件來鍛鍊腳部肌肉。足部按摩有助於血液循環,防止雙腳和腳踝腫脹。洗澡後用足部精油按摩雙腳;輕輕揉捏、拉伸每個腳趾,用力揉搓腳背和腳底。

如果足弓和腳趾感覺無力或疼痛,可以試試下面幾個簡單動作。

舒緩腳趾。坐在椅子上,左右腳依次踩在厚書上放鬆,腳趾能摳到書口,然後用腳趾翻書。

下篇　美麗的力量（美容與身心養護指南）

　　拉伸小腿肌肉（高跟鞋會讓小腿感覺不適）。距離牆面兩英尺左右光腳面牆站立。腳趾向下彎曲，重心放在雙腳外側。手掌扶牆，手臂彎曲，頭部抬起後盡量靠近牆面，背部挺直，腳跟著地。

　　強化足弓。雙腳平行站立，同時向外側翻轉。

　　放鬆疲憊雙腳。坐在床邊，雙手緊緊握住膝蓋窩用力搖晃，交替放鬆兩側腳踝，像放鬆手腕一樣。剛開始會覺得很難，堅持下去就會收到奇效。這個簡單的動作效果顯著。用不了多久，就能像放鬆手指一樣，靈活自如地活動腳趾。

　　足弓痠痛。如果感覺腳痛，或許是因為穿高跟鞋走路過多。泡完腳，在腳上塗一點優質乳液，揉搓拉伸每根腳趾，尤其大姆趾。接下來，五指張開，從腳底向上插入腳趾縫，緊緊抓住腳趾根部，用力向上，向足弓內側按壓腳掌。從足弓到腳背反覆按壓，邊按邊塗乳液。

　　繼續放鬆腳趾。單腳踩在地上，腳趾盡量張開，像拉伸手指一樣。剛開始，腳趾會併在一起。堅信腳趾一定能分開，直到能像手指那樣收放自如。如果有困難，可以先用手將腳趾分開。前腳掌踩住地面，保持腳趾分開，嘗試活動一下小腳趾。該訓練有助於拉伸腳趾，假以時日，就能收到不錯效果。

看電視，練腳趾。現今所有人都看電視。為何不利用看電視的時間做些簡單的腳部訓練呢？還能緩解雙腳疲勞。最簡單的動作 —— 光腳滾瓶（不影響看電視）。用足弓踩住瓶子，用力向前滾動瓶子直至腳趾，然後再向後滾動瓶子直至足弓，踩住。重複 10 次，左右腳交替進行。

下篇　美麗的力量（美容與身心養護指南）

讓雙腳透透氣

雙腳已經好久沒出來透透氣了。我的意思是說，它們整天在鞋子裡，很少露出來。難怪很多人雙腳會出現稀奇古怪的問題，比如凍瘡、老繭、雞眼和囊腫。因為雙腳總是被鞋襪包裹。脫掉鞋子，解放雙腳。在家可以光腳，起碼可以光腳在臥室走動。如果在家裡必須穿鞋，一定要通風透氣。比如一字拖、日本草鞋或者寬鬆款。

踮腳做家務能有效鍛鍊腳趾和足弓。試試光腳做這個簡單動作：以腳踝為中軸緩慢旋轉雙腳。這個動作能讓腳踝變細，避免腳踝處脂肪堆積。

如果認為雙腳太大，先別急，看看其他部位。通常人體各個部位都有一定比例，手腳大小往往跟身高、體重有關。如果對腳踝粗細或雙腳尺寸不滿意，先看看雙手，或許就會發現，其實雙腳和雙手大小匹配。

腳踝

如果一位身材高大的女性腳踝過細，視覺上就像一座固定在大頭針上的的巨型雕塑。骨架偏大的女性需要結實的下肢支撐。站立時要注意雙腳的正確位置，走路時要用臀部發力邁步，這些將有助於強化腳踝力量，保持腳踝線條優美。

我認識一位紐約商場的採購員，工作中她需要長時間走路。她非常滿意自己的小腳，卻對略顯臃腫的雙腿和腳踝不滿。她還告訴我，她的雙腳經常疼痛腫脹，穿上鞋子覺得特別擠腳。但她在工作時需要到處走動，這讓她很擔心。經過一段時間的腿部腳踝訓練，上述問題得到明顯改善，雙腿也變得更苗條。我終於說服她穿大一碼的鞋，這太難了！但這樣做可以在視覺上形成反差，讓腳踝看起來更纖細。

永遠記住這一點：鞋號偏小，只會讓雙腿和腳踝看起來更粗。

下篇　美麗的力量（美容與身心養護指南）

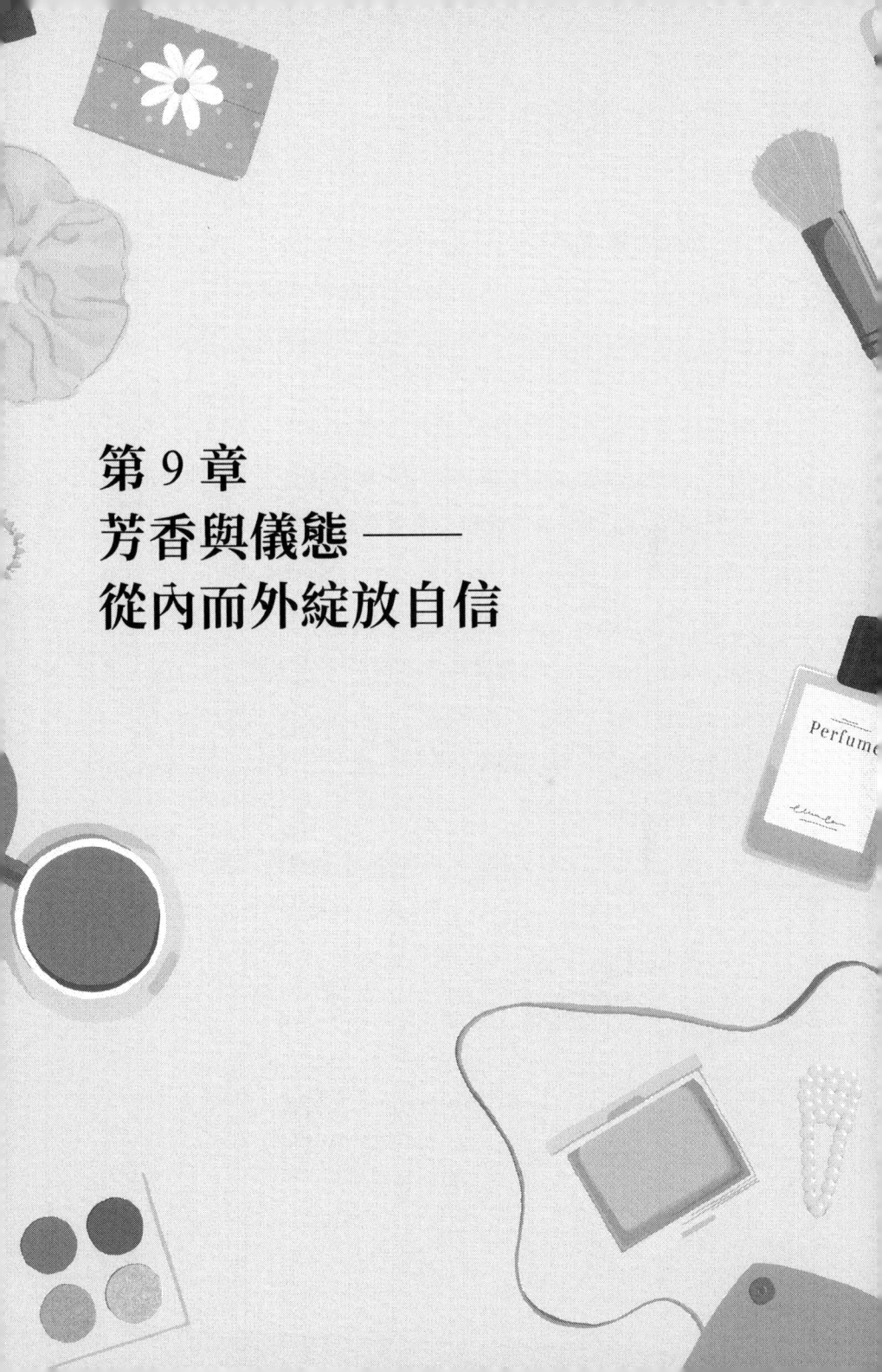

第 9 章
芳香與儀態——
從內而外綻放自信

下篇　美麗的力量（美容與身心養護指南）

　　蒙特斯龐侯爵夫人[236]當年是法國國王路易十四最得寵的情人。儘管社交活動非常忙碌，但她仍然經常乘馬車，從巴黎前往普羅旺斯「浴場」。「浴場」最早由羅馬人發明。羅馬人發現，從岩石裂縫中湧出的火山溫泉具有養生去病功效，後來逐漸演變為風靡歐洲的溫泉浴場。

　　如今妳只需從臥室走到浴室，就能像當年羅馬貴族或蒙特斯龐夫人那樣，舒緩放鬆，享受奢華。

　　浴室從未如此迷人。幾年前，浴室要麼強調功能，要麼充滿「少女風」──以純白或粉紅為主色調。突然間，浴室風格耳目一新──擺放著各式各樣的瓶裝沐浴油、浴鹽，五顏六色的香皂、浴巾以及各種洗沐用品。當下流行用醒目色塊拼出前衛的大尺寸圖案；各色各樣的浴巾、毛巾、浴簾和腳踏墊也為浴室添彩。

　　當下流行的配色方案和浴室擺設同樣令人興奮──橄欖綠、松石綠、深藍、西瓜粉、橘紅、檸檬黃。這一切會讓妳在洗澡和梳洗打扮時，幸福感倍增。

---

[236]　蒙特斯潘侯爵夫人（Madame de Montespan，1640-1707），法國國王路易十四最著名的一個情婦。

第9章 芳香與儀態—從內而外綻放自信

泡澡 —— 全身放鬆

結束一天忙碌後，泡個熱水澡。向水龍頭下方倒入泡泡液，讓泡沫充滿整個浴缸。準備一個泡澡專用的可調節充氣頭枕，用吸盤固定在合適位置。戴上寬鬆的浴帽，包裹頭髮，還能阻隔水蒸氣。

完成臉部清潔和基本皮膚保養後，敷上清爽草本精華眼膜，進入浴缸。後背靠在氣墊上，用眼膜遮住雙眼，然後躺在芳香撲鼻的溫水中放鬆 10 分鐘。水溫要適宜，太涼會出現刺激反應，過熱容易讓人精疲力竭。泡澡可以有效舒緩緊張神經，促進睡眠。

浴缸裡的臉部保養

水蒸氣和乳液是保養的黃金搭檔。如果沒時間做臉部保養，泡澡時的蒸氣能促進乳液吸收，改善皮膚乾燥。做好徹底清潔和保溼，進入浴缸後塗抹富含營養成分的乳液。高溫和水氣能促進皮膚充分吸收油脂和保溼成分。結束後，擦掉剩餘乳液，妳就會驚奇發現，肌膚變得無比水潤、嫩滑。

熱水澡

生活在熱帶的人無法理解為什麼我們要在炎熱天氣裡洗冷水澡降溫。他們堅信，水溫適宜的熱水澡才是最佳選擇。冷水澡只是在淋浴時感覺涼爽；而在仲夏沖個熱水澡，短暫出汗後，能在接下來幾個小時裡倍感舒適、涼爽（喝熱茶也有相同效果）。

在浴缸裡加幾滴喜歡的香水或沐浴油。洗完也不必徹底擦乾，皮膚上留點水分會感覺更加涼爽。

如果天氣炎熱，可以隨時洗個熱水澡。

搓澡

洗一個芳香撲鼻的熱水澡是我的最愛。如果這還不夠，可以在冷水中慢慢加入熱水，同時用絲瓜絡澡巾搓洗全身。這種網狀的植物粗纖維澡巾，能有效促進血液循環，去除皮膚表面汙垢。

搓洗全身後，抹上肥皂。讓泡沫停留幾分鐘後再沖個冷水澡。

搓澡能有效刺激經絡，讓整個人神清氣爽。

第 9 章　芳香與儀態─從內而外綻放自信

淋浴

很多美國人習慣淋浴，很少泡澡。清晨淋浴能讓頭腦清醒，再加上用身體乳和爽身粉輕柔按摩全身，效果太棒了！但淋浴並不能代替較長時間、全身放鬆的泡澡。當然，相當程度是習慣問題。對日本人來說，只泡十分鐘顯然不夠。但從皮膚保養的角度，我建議淋浴和泡澡交替進行，以保持皮膚清爽。

搓腳石 ── 洗浴小助手

先在溫水中泡一會兒，然後用搓腳石輕輕去除死皮和老繭；還可以用搓腳石逐漸去除雞眼軟化層，避免越來越嚴重。洗澡時輕輕搓雙腳老化、粗糙的地方，使其變得柔軟光滑。只要精心保養雙腳，根本不用去看皮膚科醫生。

「按摩」藝術

洗澡時，可以用手掌和指尖按摩腹部、臀部的贅肉，用手指（四指與拇指相對）揉按大腿。捏住、鬆開；再捏住、再鬆開，從腳踝向上按到髖骨。用雙手揉按膝蓋，向上推，左右抱揉，再向上推，再左右抱揉。水下按摩非常輕鬆，這套動作或許不能減脂，但能讓疲憊的雙腿活力滿滿，有效改善腿部肌肉緊張。

浴缸鍛鍊

浴缸是鍛鍊的好地方。清晨泡澡時,可以順便做點熱身和伸展,進行手部、足部甚至臉部鍛鍊。水下鍛鍊非常輕鬆。如果生活緊張,鍛鍊後一定會明顯改善。

由內到外,排毒養顏

許多企業高層都會在桌上擺一瓶水,提醒自己隨時喝水。皮膚其實跟身體一樣,需要經常補水。每天喝六杯水可以排除體內毒素和廢物,還能有效排酸。洗澡前後再各喝一杯水,等於每天又多喝兩杯水。腎臟和皮膚都會因此受益。但喝水要在兩餐之間,不要在吃飯時喝水。

第 9 章　芳香與儀態—從內而外綻放自信

芳香撲鼻，無憂無慮

優雅的關鍵在於注意個人衛生。除了經常洗澡，還要定期使用合適的體香劑或止汗劑，遮蓋汗液產生的體味。

汗液是人體正常排泄物，主要有兩種成分：外泌汗腺分泌的液體以及頂泌汗腺分泌的黏稠物質。外泌汗腺幾乎遍布全身，頂泌汗腺則位於腋窩和腹股溝附近。體味主要是由於細菌滋生和頂泌汗腺汗液分解導致。因此，選擇體香劑要兩者兼顧，不僅可以減緩排汗速度，還要透過阻斷細菌和汗液反應，達到遮蓋異味的目的。

止汗劑和體香劑

止汗劑可以減少出汗量，保持腋下乾燥。止汗劑通常呈膏狀，有的自帶香味；不僅親膚，而且使用方便。因此我一直搞不懂，為什麼有些聰明的女性，甘願讓汗漬毀掉漂亮的衣服，或者讓別人感覺不舒服，也不用止汗劑和體香劑。即便沒有異味，汗液也會在衣物上留下汗漬，很難洗乾淨。

大多數止汗劑能去除異味，起碼可以應付經常出汗的腋下。然而，並非所有體香劑都有止汗功能。

除毛當天不要使用止汗劑。腋窩處皮膚比較敏感，使用

後容易感覺疼痛或出現皮疹。建議除毛後 24 小時內，不要使用止汗劑。

我個人喜歡搭配使用體香劑和止汗劑。我認為，最好能二合一。現在還有新增抑菌成分的止汗劑，專為體味較重的人群設計。

起初，止汗噴劑多為中性、無味。近些年出現的噴劑兼具止汗、體香雙重功效，而且氣味芳香宜人，可以與香水搭配使用，深受炎熱地區女性歡迎。

止汗劑可以噴在後腰、前胸等容易出汗的部位，減少出汗，避免汗漬弄髒衣服。

手掌止汗

不建議頻繁使用止汗劑阻止手掌出汗。但有些場合，因緊張或氣候導致的手掌潮溼，會造成尷尬局面。必要時，使用芳香型止汗噴劑可以快速解決困擾，緩解尷尬。

第9章　芳香與儀態—從內而外綻放自信

除毛膏和體毛

人體表面天然覆蓋一層柔軟細毛。但只有體毛過多，非常明顯，才應該考慮除毛。而且在世界某些地方，體毛茂盛仍被視為優點。

有種說法認為，除毛後重新長出來的體毛會更粗更黑，再也無法永久性除毛。此外，一切機器除毛都會傷害皮膚。這些都是謬論，不可信。但在決定除毛前，還是應該諮詢專業人士。

有些女性選擇漂白上唇、手臂以及腿部汗毛。

還有些女性用不同除毛膏處理臉部、手臂和腿部汗毛。在除毛同時，還能讓皮膚變得光滑細膩。或者也可以考慮除毛蠟或除毛儀，但這兩種方法都應該請專業人士處理。

如果臉部汗毛過重，可以選擇除毛儀。

我至今仍清晰記得，過去女性透明絲襪下隱約可見的濃密腿毛，或者下巴的稀疏鬍鬚。如今，隨著美容技術的發展、專業護膚產品和專業美容師的出現，女性再也不必為此煩惱。

下篇　美麗的力量（美容與身心養護指南）

香水

我在談論美容或者撰寫相關內容時，通常會借鑑歷史。我對於古埃及的化妝術、路易十四宮廷貴婦們的護膚手法以及不同時代的髮型都非常著迷。但接下來要談的香水貌似屬於未來，屬於各位的未來。

我經常被問道：「如何選擇香水？」我的回答很簡單：試一試。如果很喜歡這個香味，那就選擇這款香水。最重要的是自己喜歡。選香水一定要遵循本心，選擇能展現自身獨特女性氣質的香水。也許妳也說不清楚為什麼喜歡某款香水，但千萬不要被外界因素干擾，比如朋友的推薦。選擇自己最喜歡的味道。

試用時，可以在手腕或手肘內側滴一滴香水。然後判斷香水的持久性和親膚性，看看自己是否喜歡。選擇香水完全因人而異。每款香水都有其獨特配方和獨到之處，而且和個人的皮膚狀態息息相關。一款普通香水可能散發出獨一無二的香氣；反之，價格不菲的香水也可能聞起來平淡無奇，根本達不到其價位應有的效果。

測試新香水千萬不要著急。每次測試不要超過兩款。在每隻手臂上各滴幾滴，持續觀察，留意效果如何。每次聞到香氣，是愈發喜歡還是漸漸無感？

堅持幾星期，直到適應最初喜歡的香氣，此時就可以選

第 9 章　芳香與儀態—從內而外綻放自信

出適合自己的香水了。

等持續使用一個月後，如果確定這款就是妳的最愛，就可以深入學習，了解更多的香水知識，進而選擇適合自己的花露水、古龍水、痱子粉、沐浴露和香皂。這些知識之前始終鮮為人知。而如今，香水被越來越多的人了解、使用。

第一瓶香水，我建議先選擇白天晚上通用的款式。過一段時間，再去嘗試新款。

接下來就是如何使用香水。

僅僅在耳後塗一點，或者在手帕上滴一滴遠遠不夠。想要渾身散發香氣，其實方法有很多，比如在洗澡水中加入沐浴油，沐浴後用沐浴油塗抹雙臂和雙肩，或者從頭到腳噴古龍香水或者撲上體香粉。這些方法都能讓香氣持久。還可以在脈搏處噴灑香水，體溫會讓高濃度香精的香氣更加濃郁持久。

也可以在衣櫃和抽屜裡放些香囊，讓衣物、內衣、棉紡品和個人配飾持久留香。

如果覺得香精太貴，那就多噴淡香水。除了雙手、頸部和全身，還可以在頭髮上噴一點。（請注意：香水中某些成分會造成頭髮褪色。）

香水應該隨身攜帶，不同場合隨時使用，感受微妙變化。但也不用囤積太多。一旦開瓶，香水容易揮發，香氣也會隨之消散。

305

下篇　美麗的力量（美容與身心養護指南）

美容計畫表

有些女性偶爾心血來潮，從閣樓到地窖，做一次全面大掃除；然後連續幾個月連桌子都不擦。房子越來越亂，根本目不忍視。要等到她們再次心血來潮才會收拾房間。

不少女性用同樣的方式打理自己。這就是為什麼，我經常提醒注重完美妝容的女性，必須制定計畫。

請按照下列清單制定個性化美容計畫，可以根據個人安排，做適當調整。

每日清單

- 鍛鍊
- 清晨淋浴（體香劑 —— 止汗劑、乳液、體香粉、古龍水）
- 刷牙、漱口水
- 清晨臉部保養（洗臉、化妝水、乳液）
- 早妝
- 搭配服裝
- 梳頭
- 設計髮型

第 9 章　芳香與儀態—從內而外綻放自信

- 午間補妝
- 清洗衣物（內衣、手套等）
- 晚間臉部保養
- 刷牙（牙線）

每週清單

- 洗髮、護髮
- 修剪指甲
- 修剪腳趾甲
- 除毛
- 敷面膜
- 修剪眉弓
- 檢查衣櫃

晚宴前

- 設計髮型，用髮膠定型。
- 沐浴、洗臉、敷眼膜。
- 沐浴後，塗抹身體乳、爽身粉，噴古龍水、在脈搏處噴上香水。
- 晚妝

下篇　美麗的力量（美容與身心養護指南）

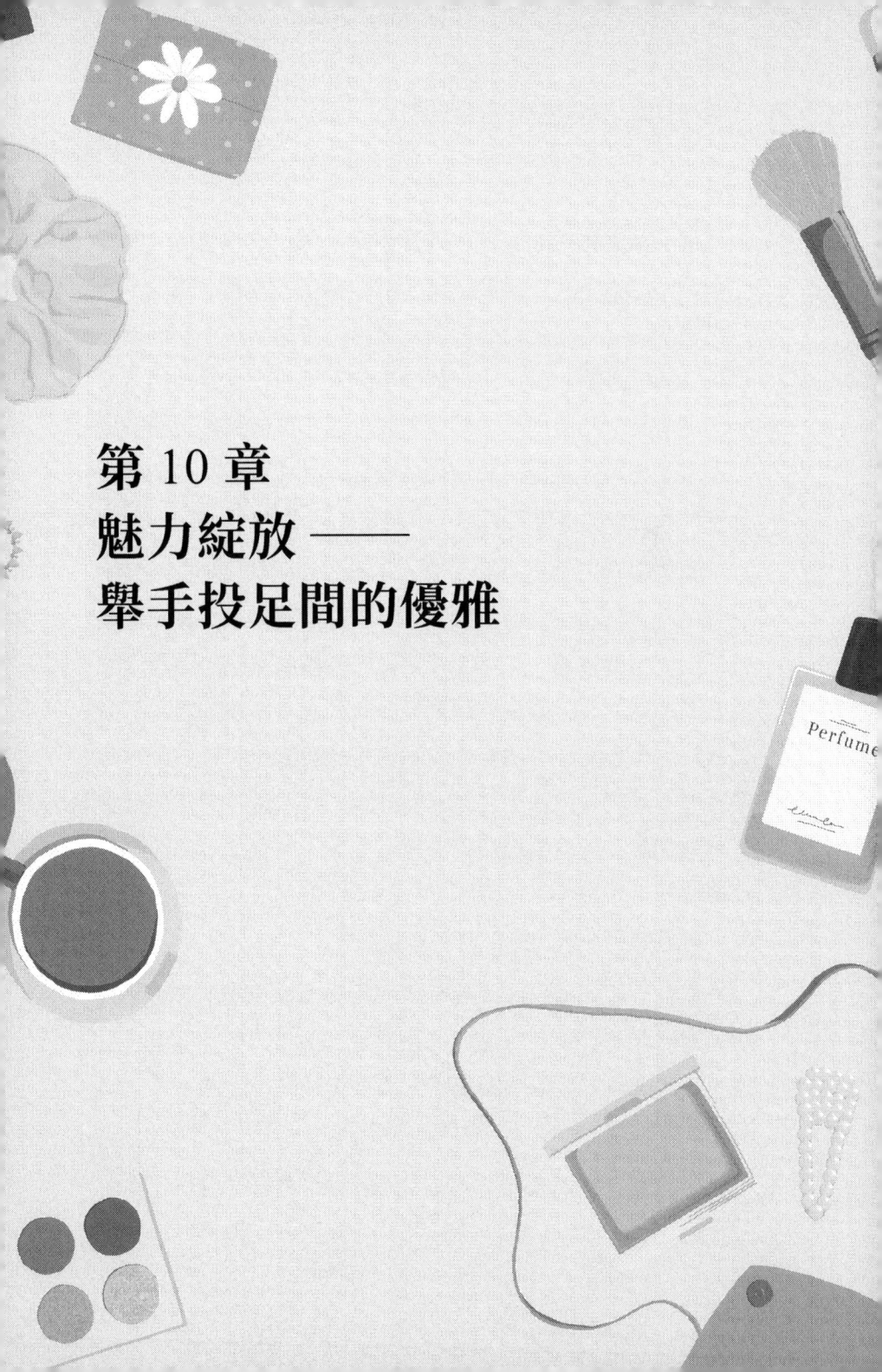

第 10 章
魅力綻放 ──
舉手投足間的優雅

下篇　美麗的力量（美容與身心養護指南）

　　重讀本書之前的內容，我覺得原本可以講得更多。如果想全面介紹當下美容知識，至少可以寫出三本書。比如，我跳過輪廓、線條和色彩這些讓我著迷的時尚話題，它們就像引人入勝的連載小說，永遠都講不完。但報社、雜誌的資深記者更擅長介紹時尚。他們會對設計師、服飾和流行趨勢做出及時、精采的報導。關注這些報導，了解最新時尚動態，會有助於選擇符合自己品味、身材和生活圈的時尚穿搭。

　　關於眼睛，我也有話要說。不是討論眼妝（前文已經講過），而是眼部健康。眼睛對每個人來說都是無價之寶，保護眼部健康至關重要。每年至少要做一次眼睛檢查。隱形眼鏡或時尚前衛的框架眼鏡能瞬間提升時尚感。即便閱讀時不需要眼鏡，也要買一副優質太陽眼鏡，保護眼球和眼部周圍嬌嫩皮膚不受陽光和強光傷害。而近視眼鏡或遠視眼鏡，只有一副顯然不夠。應該根據不同場合佩戴不同款式。框架顏色和形狀非常重要。可以戴上試一試，看看鏡框顏色是否和頭髮、眉毛搭配，形狀是否和五官協調？

　　戴眼鏡如何畫眼妝？睫毛膏不能塗太重（除非戴隱形眼鏡，否則不要塗眼影）。在上眼瞼靠近睫毛根部畫一條清晰眼線，直至眼角，可以突顯雙眼。如果睫毛又長又密，可以請驗光師調整鏡片形狀，避免睫毛碰到鏡片。

　　關於腿，我原本可以多寫幾段。我認為選對襪子非常重

要。儘管當下流行大網眼的有色絲襪,但我始終認為,淺色透明的尼龍絲襪能讓雙腿更漂亮。應該有自己的判斷,不要總讓流行牽著鼻子走。

對於美容沙龍,我也可以多說一點。我相信所有女性都能從各類美容項目中受益。比如瘦身飲食或能量飲食,搭配適當運動能幫助女性重塑身材比例。還應該在皮膚保養和頭髮保養上多點著墨,幫女性重獲時尚感,打造全新造型——陽光、快樂、更顯年輕。

其實上述內容很多都能在家裡完成。區別就在於缺乏監督或指導。自欺欺人永遠比糊弄教練容易。教練會說:「嗯,女士,妳上週體重 145 磅,這週量還是 145 磅。按照我們的推算,這週本來可以減掉 3 磅。」對方滿眼疑惑地看著妳,什麼也沒說。但教練其實心知肚明,是因為妳半夜偷偷打開了冰箱……

在家訓練需要有足夠的毅力和決心。儘管過程艱難,但結果美好。經過幾週的合理飲食和柔軟度訓練,輔以肌膚髮質護理和升級穿搭,妳一定會變得光彩照人,讓所有人眼前一亮。

下篇　美麗的力量（美容與身心養護指南）

甜美笑容

　　有沒有想過一位好牙醫能幫妳提升顏值？如果牙齒潔白閃亮，微笑時口紅／唇紅齒白會更加迷人。要養成定期洗牙的習慣，就像每年體檢一樣。（記在日曆上，避免忘記。）

　　千萬不要認為難看的牙齒不能修復。現今，任何年齡層都可以矯正牙齒。調整牙齒前突和門牙過大可以改變臉型。但這可能需要耐心，還會有點不適，但一切都值得。很多女性往往忽略這一點，因為她們從未想過牙醫竟能幫自己變美。其實牙醫不僅能修復牙齒，還能帶給妳甜美的笑容。

第 10 章　魅力綻放—舉手投足間的優雅

優雅步態

往往是走路最多、負重最重的人，步態最為優雅。幾乎在所有汽車價格昂貴的國家，女性走路姿態都非常優雅。我曾經親眼所見：西班牙山城的女性從井裡打完水，將陶罐平穩地頂在頭頂；墨西哥的印度婦女背著孩子；身材嬌小、勻稱的遠東女性，走路時自帶皇家風範。她們似乎天生就會保持平衡，這是邁出優雅步姿的關鍵所在。身體保持穩定，不要左右搖晃。雙腳著地時腳尖向前，保持步態平穩。

據我所知，訓練步態最好的方法就是頭頂書本走路，這種方法已經過時間的檢驗。快速走，上身挺直，書不能掉下來。熟練後，增加到兩本、三本，直到能頂四、五本書。此時，妳就能找到步伐平穩的感覺，成為步姿優雅、華麗的女人。

直接穿高跟鞋練習步姿很難。可以先光腳，然後穿平底鞋、低跟鞋，最後再換上高跟鞋。觀察身邊所有女性，觀察她們的步態和站姿。擇其善者從之，不善者改之。

下篇　美麗的力量（美容與身心養護指南）

奇思妙想

有時候，女性追求優雅的想法令人費解，也會為原本嚴肅的事情增添一絲喜感。我記得某個週一早上，紐約美容沙龍剛開始營業。一位女士走進來，小心翼翼打開隨身帶來的包裹，拿出一個做工精緻、杜邦納色鑲邊的瓷盤。她告訴美容顧問：「現在，請幫我選一款跟這個盤子邊緣顏色完全一樣的口紅和指甲油！今晚我要宴請客人，必須看起來跟餐桌渾然一體。」我們幫她找到了！

曾經還有一位女士，手臂上搭著一件貂皮大衣走進髮廊。「就按這件大衣替我設計髮型」她說，「必須風格統一。」我們按照她說的做了！

還有一位拉美國家的大使夫人，帶著18朵粉紅色蘭花來到美容沙龍。她跟我們說：「我想設計一個叢林主題的髮型，金銀兩種髮色，再點綴這些蘭花……」我們盡力了！

以上只是眾多奇特要求中的代表，對於客戶提出的要求，我們盡量幫她們實現。這需要奇思妙想，但這也正是美容產業必不可少的要素。

迷迭香回憶

　　我至今都難以相信，自己研發的上千款美容產品其實都源自媽媽每晚用的乳霜。媽媽堅持每晚塗抹乳霜，好像某種「睡前儀式」，後來媽媽還讓我和七個妹妹用。直至今日，當遇到那些希望能為孩子做點什麼的父母時，我仍然會想起媽媽的乳霜。之所以如此印象深刻，是因為媽媽堅信乳霜的護膚效果。當然，除了皮膚保養，媽媽還想給幾個女兒更好的禮物。但又有哪個父母能相信，未來某個時刻，這些零零散散的知識和智慧會徹底改變孩子的生活？或者，誰敢想像，一款微不足道的乳霜，從母親傳給女兒，竟然會發展為一門科學、一個新興產業？這恐怕兩代人都無法預料。媽媽當初滿懷母愛和親情的饋贈，如今早已發展壯大，完全超出她的想像。那款乳霜是我人生的起點和基石⋯⋯這難道不就是人生的關鍵所在嗎？用愛分享，剩下的留給時間！

　　年輕時，我經常埋怨工作。因為整天忙事業，留給丈夫和孩子們的時間太少了！

　　剛起步那些年，我就像一個遇到「神磨」[237]的孩子，全

---

[237]　「神磨」（Magic Mill），指一種具有神奇力量的磨坊。在一些傳說和故事中，這種磨坊能夠透過轉動或使用特定的咒語來生產出各種各樣的物品，如木材、衣物、食物等，從而帶來財富和幸福。這種磨坊通常與魔法或神祕力量相關聯，在許多文化傳說中都有類似的故事。因此，「神磨」可以理

迷迭香回憶

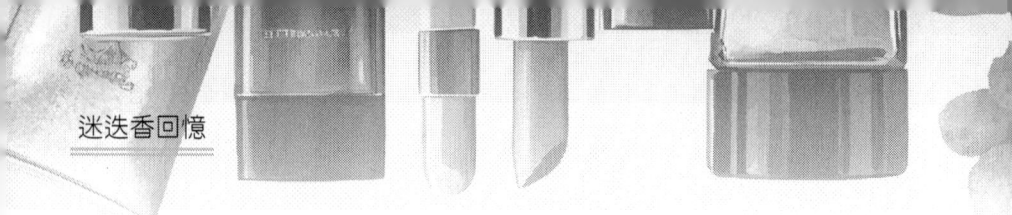

身心投入事業。我不斷研發新產品,在新領域拓展業務。後來我逐漸對事業心存感激。多虧有這份事業,我才沒有碌碌無為,並且始終與世界各地年輕人保持同步。回顧一生,我沒有遺憾。如今,我意識到自己絕非僅僅銷售美容產品。我相信,自己為之努力奮鬥一生的事業既回應了時代需求,並且幫助女性找到本應屬於她們的千姿百媚。事情往往如此,我們在努力追求成功的路上發現了人性,或者換種說法,是人性選擇了我們。

解為一種具有神奇力量的裝置,能夠透過某種方式(如轉動或念咒)實現願望或創造奇蹟。

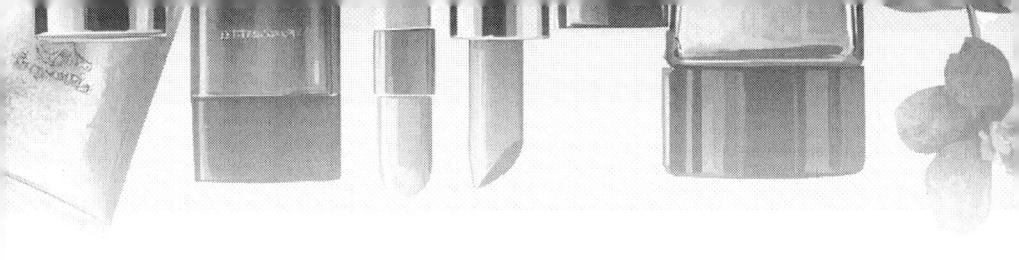

國家圖書館出版品預行編目資料

HR 赫蓮娜，從巴黎沙龍到全球美學標準：首創美容沙龍 × 高端品牌定位 × 頂級奢華美學，她用一罐乳霜征服世界，改寫女性對美的想像 / [波] 赫蓮娜・魯賓斯坦（Helena Rubinstein） 著，潘佳寧 譯 . -- 第一版 . -- 臺北市 : 樂律文化事業有限公司 , 2025.03
面； 公分
POD 版
譯自 : My life for beauty.
ISBN 978-626-7644-89-8(平裝)
1.CST: 魯賓斯坦 (Rubinstein, Helena) 2.CST: 化粧品業 3.CST: 自傳 4.CST: 波蘭
784.448　　　　　　　114002975

HR 赫蓮娜，從巴黎沙龍到全球美學標準：首創美容沙龍 × 高端品牌定位 × 頂級奢華美學，她用一罐乳霜征服世界，改寫女性對美的想像

作　　　者：[波] 赫蓮娜・魯賓斯坦（Helena Rubinstein）
譯　　　者：潘佳寧
發 行 人：黃振庭
出 版 者：樂律文化事業有限公司
發 行 者：崧博出版事業有限公司
E - m a i l：sonbookservice@gmail.com
粉 絲 頁：https://www.facebook.com/sonbookss/
網　　　址：https://sonbook.net/
地　　　址：台北市中正區重慶南路一段 61 號 8 樓
8F., No.61, Sec. 1, Chongqing S. Rd., Zhongzheng Dist., Taipei City 100, Taiwan
電　　　話：(02) 2370-3310　　傳　　　真：(02) 2388-1990
印　　　刷：京峯數位服務有限公司
律師顧問：廣華律師事務所 張珮琦律師

-版權聲明

本書版權為出版策劃人：孔寧所有授權崧博出版事業有限公司獨家發行電子書及繁體書繁體字版。若有其他相關權利及授權需求請與本公司聯繫。
未經書面許可，不得複製、發行。

定　　價：420 元
發行日期：2025 年 03 月第一版
◎本書以 POD 印製
Design Assets from Freepik.com